Verbtabellen Plus
ITALIENISCH

von
Mimma Diaco
Laura Kraft
Giuglio Recchia

PONS GmbH
Stuttgart

PONS

Verbtabellen Plus
ITALIENISCH

von
Mimma Diaco
Laura Kraft
Giuglio Recchia

Auflage A1 4 3 2 1 / 2015 2014 2013 2012

PONS Produktinfos und Shop: www.pons.de
PONS Sprachenportal: www.pons.eu
E-Mail: info@pons.de

Redaktion: Regina Reinboth-Kämpf, Christine Lippet, Arkadiusz Wrobel
Redaktionelle Mitarbeit: Joachim Neubold, Federica Loreggian, Jacqueline Broghammer
Logoentwurf: Erwin Poell, Heidelberg
Logoüberarbeitung: Sabine Redlin, Ludwigsburg
Titelfoto: Vlado Golub, Stuttgart
Einbandgestaltung: Tanja Haller, Petra Schnur, Stuttgart
Layout/Satz: Satzkasten, Stuttgart
Druck und Bindung: GGP Media GmbH, Pößneck

Printed in Germany.
ISBN: 978-3-12-561594-6

Inhalt

So benutzen Sie dieses Buch

Die PONS Verbtabellen Plus Italienisch bieten Ihnen übersichtliche Konjugationstabellen zu 61 regelmäßigen und unregelmäßigen Musterverben, einem reflexiven Verb und zum Passiv. Diese Konjugationsmuster zeigen Ihnen alle Formen - auch die zusammengesetzten - auf einen Blick; auf Besonderheiten wird durch farbliche Hervorhebung und praktische Faustregeln hingewiesen. Zusätzlich werden in verkürzter Form weitere 52 beispielhafte Verben mit ihren typischen Unregelmäßigkeiten vorgestellt. Passend zur Konjugationstabelle auf der linken Seite erhalten Sie auf der rechten Seite zahlreiche Informationen zur Verwendung der Verben: Beispielsätze, häufige Wendungen, häufige Verben, die ähnlich konjugiert werden, Besonderheiten zur Konjugation und nützliche Tipps, um die Konjugation dieser Verben zu lernen.

Aufbau der Konjugationstabellen

(1) 110 **salire** (4) -l- wird -lg-

(3) *(hinauf)steigen*

Indicativo

Presente	Passato prossimo	
salgo	sono	salito
sali	sei	salito
sale	è	salito
saliamo	siamo	saliti
salite	siete	saliti
(5) salgono	sono	saliti

Imperfetto	Trapassato prossimo	
salivo	ero	salito
salivi	eri	salito
saliva	era	salito
salivamo	eravamo	saliti
salivate	eravate	saliti
(6) salivano	erano	saliti

Passato remoto	Trapassato remoto	
salii	fui	salito
salisti	fosti	salito
salì	fu	salito
salimmo	fummo	saliti
saliste	foste	saliti
salirono	furono	saliti

Futuro semplice	Futuro anteriore	
salirò	sarò	salito
salirai	sarai	salito
salirà	sarà	salito
saliremo	saremo	saliti
salirete	(8) sarete	saliti
saliranno	saranno	saliti

Congiuntivo

Presente	Imperfetto	Passato		Trapassato	
salga	salissi	sia	salito	fossi	salito
salga	salissi	sia	salito	fossi	salito
salga	salisse	sia	salito	fosse	salito
saliamo	salissimo	siamo	saliti	fossimo	saliti
saliate	saliste	siate	saliti	foste	saliti
salgano	salissero	siano	saliti	fossero	saliti

Condizionale

Presente	Passato	
salirei	sarei	salito
saliresti	saresti	salito
salirebbe	sarebbe	salito
saliremmo	saremmo	saliti
salireste	sareste	saliti
salirebbero	sarebbero	saliti

Imperativo

—	
(tu)	sali
(Lei)	salga
(noi)	salia
(7) (voi)	salite
(loro)	salga

Gerundio		**Infinito**	**Participio**
Presente	Passato	Passato	Passato
salendo	essendo salito	essere salito	salito

154

(2) 3. Konjugation (3) **salire**

(hinauf)steigen

(9)

Beispiele und Wendungen (10)

Rodolfo sale sul tetto per riparare l'antenna.
Rodolfo steigt auf das Dach, um die Antenne zu reparieren.

Il prezzo della benzina è di nuovo salito.
Der Benzinpreis ist schon wieder gestiegen.

salire le scale / il monte	*die Treppen / den Berg hinaufsteigen*
salire con l'ascensore	*den Aufzug nehmen*
salire sul treno / tram	*in den Zug / in die Straßenbahn einsteigen*

Weitere Verben

assalire - risalire

assalire qu	*jdn. angreifen*
risalire	*wieder hinaufsteigen* (11)

Besonderheiten

-l- → -lg- (z. B. salgo, salgono)

Die zusammengesetzen Zeiten können mit den Hilfsverben avere und essere gebildet werden: z. B.

Ho salito il Vesuvio.	*Ich habe den Vesuv bestiegen.* (mit direktem Objekt) (12)
Sono salito sul treno.	*Ich bin in den Zug eingestiegen.* (ohne direktes Objekt)

Tipp

Lernen Sie salire zusammen mit rimanere, spegnere, tenere, valere und venire, da diese Verben im Präsens dieselbe Unregelmäßigkeit aufweisen:
salgo - rimango - spengo - tengo - valgo - vengo
salgono - rimangono - spengono - tengono - valgono - vengono (13)

155

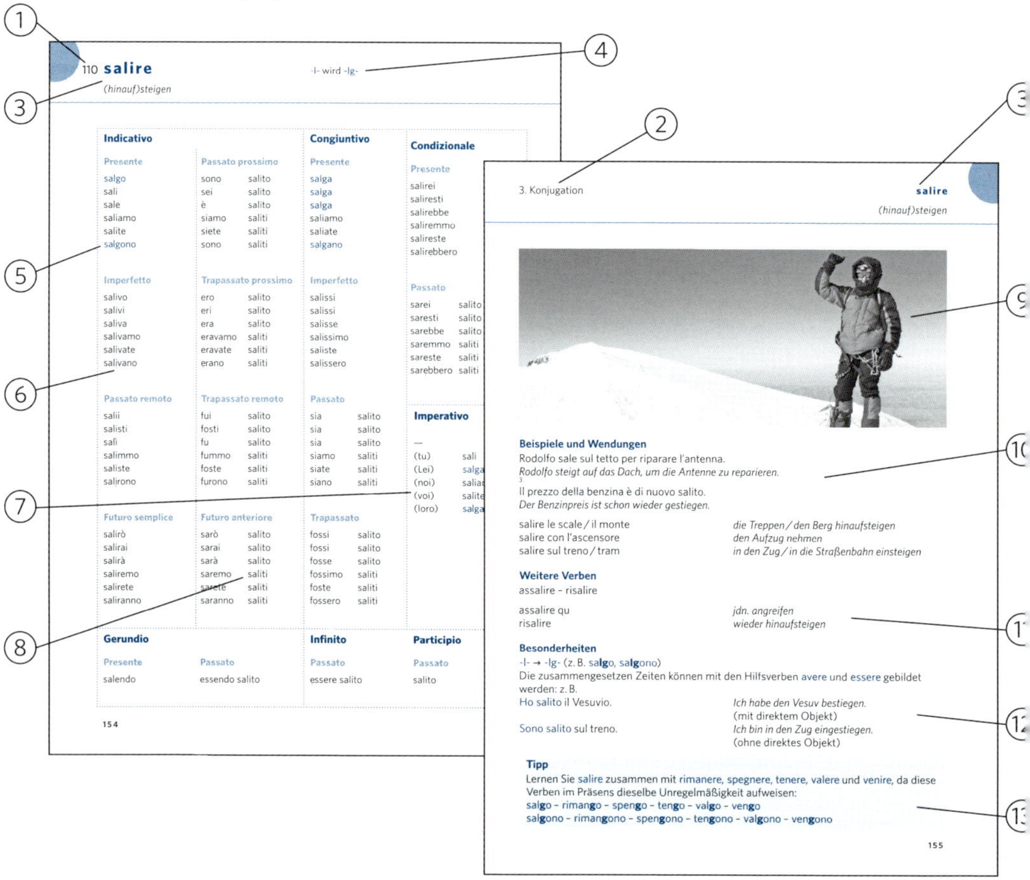

1. Konjugationsnummer: Mit Hilfe dieser Nummer lassen sich alle in der Verbliste aufgeführten Verben dem jeweils entsprechenden Konjugationsmuster zuordnen.
2. Verbgruppe: Gibt an, zu welcher der drei italienischen Verbgruppen das Musterverb gehört: 1. Konjugation: Verben auf -are
   2. Konjugation: Verben auf -ere
   3. Konjugation: Verben auf -ire
3. Musterverb mit Übersetzung: Verb, das exemplarisch für alle ähnlichen Verben (mit gleicher Konjugationsnummer) steht.
4. Kurzcharakteristik: Merksatz zu den Besonderheiten / Unregelmäßigkeiten des Konjugationsmusters.
5. Farbliche Hervorhebung: Alle Formen, die vom regelmäßigen Konjugationsschema abweichen, sind blau hervorgehoben.
6. Betonungspunkte: Die meisten italienischen Wörter werden auf der vorletzten Silbe betont. Weicht eine Verbform von dieser Regel ab, ist die betonte Silbe durch einen Punkt gekennzeichnet.
7. Personalpronomen: Personalpronomen wurden nicht aufgeführt, da das Italienische sie nur zur Betonung braucht. Lediglich beim Imperativ sind die Personalpronomen zur besseren Orientierung in Klammern angegeben.
8. Verzicht auf feminine Formen: Aus Gründen der Übersichtlichkeit wurde bei den mit essere konjugierten Verben lediglich die maskuline Form des Partizips angeführt.
9. Bild: Zahlreiche Bilder helfen, die Verben assoziativ im Langzeitgedächtnis zu verankern.
10. Beispiele und Wendungen: Zu jedem konjugierten Verb auf der linken Seite finden Sie hier rechts nützliche Beispiele und Wendungen.
11. Weitere Verben: Zu jedem konjugierten Verb auf der linken Seite finden Sie hier eine Auswahl der häufigsten Verben, die wie das Musterverb links konjugiert werden.
12. Besonderheiten: Hier erhalten Sie Erklärungen zu Besonderheiten bei Konjugation oder Gebrauch dieser Verben.
13. Tipp: Weiterführende Tipps sollen Ihnen das Lernen der Verben erleichtern.

In der alphabetischen Verbliste am Ende des Buches finden Sie weitere regelmäßige und unregelmäßige Verben mit Verweis auf das Konjugationsmuster, nach dessen Vorbild die Formen des gesuchten Verbs gebildet werden. Zusätzlich informiert Sie diese Liste über die Verwendung von **avere** und **essere**.

Übrigens: Die Grammatik bietet Ihnen einen systematischen Überblick über die Zeiten und Modi. Ab Seite 168 helfen Ihnen nochmals zahlreiche Beispielsätze bei der Wahl der richtigen Präpositionen für die häufigsten italienischen Verben. Und ab Seite 175 können Sie die gelernten Verben üben und Ihr Wissen testen.

Lerntipps: So lernen Sie Verbkonjugationen

Mehrmals abschreiben

Haben Sie mit einer Konjugation Schwierigkeiten, dann schreiben Sie das Verb mehrmals ab, das hilft sich die Formen einzuprägen. Markieren Sie dann die Endungen und Besonderheiten einzelner Verbformen farbig.

Ähnliche Verben

Viele unregelmäßige Verben werden ähnlich konjugiert. Lernen Sie diese immer gemeinsam!

Tonfall ändern

Merken Sie sich die Verbformen in Beispielsätzen und sprechen Sie die konjugierten Formen mit dem zum Verb passenden Tonfall. Das Verb *hassen* sprechen Sie dann natürlich völlig anders als z. B. das Verb *lieben*.

Beispielsätze

Neue Wendungen und Verben können Sie effektiver lernen, indem Sie versuchen, sie in Beispielsätzen zu gebrauchen.
Am Besten ist ein Zusammenhang, der mit Ihrem eigenen Leben zu tun hat, denn das können Sie sich am besten merken.
Sie können zum Beispiel Ihre morgendlichen Aktivitäten durchgehen.

Textstellen markieren

Das Markieren von Textstellen oder Wörtern ermöglicht es, verschiedene Aspekte einer Fremdsprache gezielt zu üben.
So können Sie zum Beispiel eine Zeitform, die Sie gerade gelernt haben, im Text markieren und in den unterschiedlichen Zusammenhängen lernen.

Synonyme und Antonyme

Erweitern Sie schnell Ihren Wortschatz, indem Sie Verben immer gleich mit dem Gegenteil (z. B. *nehmen ≠ geben*), oder mit einem Synonym (z. B. *nehmen = ergreifen*) lernen.

Verben + Präposition

Wenn ein Verb eine bestimmte Präposition braucht, dann lernen Sie diese immer mit – am besten in einem Satz.

Mehrmals pro Woche lernen

Setzen Sie sich beim Sprachenlernen realistische Ziele. Es braucht Zeit, eine Sprache zu lernen – also nehmen Sie sich nicht zu viel vor!
Besser Sie lernen mehrmals pro Woche eine halbe Stunde, als nur einmal 5 Stunden.

Mit Bildern lernen

Bilder, die Ihnen irgendwie auffallen, eignen sich hervorragend zum Lernen von Wörtern und Wendungen. Entsprechendes Bildmaterial finden Sie überall: in Zeitungen, Zeitschriften und Kalendern. Schneiden Sie das aus, was Sie fasziniert, kleben Sie es in Ihr Vokabelheft und schreiben Sie dann auf, was Ihnen dazu einfällt: Reaktionen, Überlegungen, Gedankenassoziationen oder auch nur einzelne Wörter.

Vokabelkärtchen

Auch Verbformen können wie Vokabeln mit Vokabelkärtchen gelernt werden. Schreiben Sie sich dazu je eine Verbform auf ein Kärtchen und den Infinitiv mit Beschreibung der Verbform auf die Rückseite. Sie müssen dabei nicht alle Verbformen verwenden – wählen Sie einfach die aus, die am häufigsten sind, und die, die Ihnen am schwersten fallen. Testen Sie nun Ihre Kenntnisse, indem Sie immer die Seite mit dem Infinitiv ansehen und die passende Form dazu bilden.

Vorsingen

Wenn Sie musikalisch sind, hilft es Ihnen vielleicht, wenn Sie kleine Melodien erfinden und sich die Konjugationsmuster oder die Formen mit den Stammvokalwechseln vorsingen. Experimentieren Sie mit Tonhöhe und Rhythmus, oder probieren Sie einen Rap – so prägen Sie sich vor allem häufige Muster gut ein.

Sich aufnehmen

Wenn Sie zu den Menschen gehören, die gut durch Hören lernen können, dann hören Sie sich selbst zu! Nehmen Sie sich beim Sprechen der Verbkonjugationen auf – zum Beispiel mit einem Diktiergerät oder am PC – und hören Sie sich immer wieder an. Sie können bei der Aufnahme auch Pausen machen, in denen Sie das Gehörte dann noch zusätzlich nachsprechen können.

Würfeln

Trainieren Sie die Konjugationen unregelmäßiger Verben, indem Sie würfeln. Sie brauchen dazu zwei sechsseitige Würfel. Einen Würfel müssen Sie ein bisschen präparieren und auf jede Würfelseite ein Stück Papier mit einer anderen Zeitform kleben. Denken Sie sich nun ein unregelmäßiges Verb und würfeln Sie mit beiden Würfeln. Der normale Würfel gibt die Person vor (z. B. 1 - *ich*; 2 - *du*; 3 - *er, sie, es*; 4 - *wir*; 5 - *ihr*; 6 - *sie*), der Zeitenwürfel die entsprechende Zeitform. Bilden Sie die korrekte Form und auf zur nächsten Runde!

Memory

Basteln Sie Memory-Kärtchen! Die Paare können aus *Infinitiv- und Partizipformen oder aus Präsens- und Vergangenheitsformen* etc. bestehen, je nachdem, was Sie besonders üben wollen. Vielleicht finden Sie noch weitere Sprachenlerner zum Mitspielen.

Grammatikbegriffe im Überblick

Italienisch	*Latein*	*Deutsch*
accentazione	–	Betonung
condizionale passato	Konditional II	Bedingungsform II
condizionale presente	Konditional I	Bedingungsform I
congiuntivo	Konjunktiv	Möglichkeitsform
coniugazione	Konjugation	Beugung des Zeitworts
desinenza	–	Endung
femminile	feminin	weiblich
futuro anteriore	Futur II	vollendete Zukunft
futuro semplice	Futur I	unvollendete Zukunft
gerundio	Gerundium	Verlaufsform
imperativo	Imperativ	Befehlsform
imperfetto	Imperfekt	unvollendete Vergangenheit
indicativo	Indikativ	Wirklichkeitsform
infinito	Infinitiv	Grundform des Zeitworts
maschile	maskulin	männlich
participio passato	Partizip Perfekt	Mittelwort der Vergangenheit
passato prossimo	Perfekt	vollendete Gegenwart
passato remoto	historisches Perfekt	historische Vergangenheit
passivo	Passiv	Leideform
plurale	Plural	Mehrzahl
preposizione	Präposition	Verhältniswort
presente	Präsens	Gegenwart
pronome personale	Personalpronomen	persönliches Fürwort
sillaba	–	Silbe
singolare	Singular	Einzahl
soggetto	Subjekt	Satzgegenstand
tempo composto	–	zusammengesetzte Zeit
tempo semplice	–	einfache Zeit
trapassato prossimo	Plusquamperfekt	Vorvergangenheit
trapassato remoto	Plusquamperfekt	Vorvergangenheit
verbo	Verb	Zeitwort
verbo ausiliare	Hilfsverb	Hilfszeitwort
verbo irregolare	unregelmäßiges Verb	unregelmäßiges Zeitwort
verbo regolare	regelmäßiges Verb	regelmäßiges Zeitwort
verbo riflessivo	reflexives Verb	rückbezügliches Zeitwort

Die Formen der regelmäßigen Verben

Im Italienischen unterscheidet man drei Konjugationen:
1. Konjugation: die Verben auf -are (am**are**)
2. Konjugation: die Verben auf -ere (vend**ere**)
3. Konjugation: die Verben auf -ire (sent**ire**)

Vergessen Sie bitte nicht: Im Italienischen sind Subjektpronomen nicht obligatorisch, außer wenn sie betont sind! Aus der Endung des Verbs ist die Person ersichtlich. Das bedeutet jedoch, dass Sie die Endungen besonders aufmerksam lernen müssen.

Abito a Roma.	*Ich wohne in Rom.*
Studia greco.	*Er/Sie studiert Griechisch.*

Die Höflichkeitsform ist die 3. Person Singular in der Einzahl (Lei) und meist die 2. Person Plural in der Mehrzahl (voi). Bei formeller Ausdrucksweise wird auch die 3. Person Plural (loro) benutzt.

Besonderheiten bei den Verben auf -are

1. Verben auf -care und -gare		2. Verben auf -iare		3. Verben auf -ciare, -giare	
cercare	pagare	studiare	inviare	cominciare	mangiare
cerco	pago	studio	invio	comincio	mangio
cerchi	paghi	studi	invii	cominci	mangi
cerca	paga	studia	invia	comincia	mangia
cerchiamo	paghiamo	studiamo	inviamo	cominciamo	mangiamo
cercate	pagate	studiate	inviate	cominciate	mangiate
cercano	pagano	studiano	inviano	cominciano	mangiano

Zu 1.
Bei Verben auf -care und -gare wird vor die Endung -e und -i ein -h- geschoben, damit die Aussprache erhalten bleibt.

Zu 2.
Bei Verben auf -iare entfällt das -i- vor einer Endung mit -i. Wenn das -i- des Stammes betont ist (wie bei inviare), bleibt es jedoch erhalten.

Zu 3.
Bei Verben auf -ciare und -giare entfällt das -i- auch vor einer Endung mit -e (also im Futuro semplice!).

Nur vier Verben auf -are sind unregelmäßig: andare, dare, stare, fare.

Besonderheiten bei den Verben auf -ere

vincere *siegen*	vinco vinci vince vinciamo vincete vincono	conoscere *kennen*	conosco conosci conosce conosciamo conoscete conoscono	leggere *lesen*	leggo leggi legge leggiamo leggete leggono
	vinca		conosca		legga

Bei den Verben auf -cere und -gere hängt die Aussprache von c und g vom nachfolgenden Vokal ab; wenn ein -e oder ein -i folgt, wird es weich ausgesprochen (wie in *Matsch* bzw. *Gin*), ansonsten hart (wie in *Koffer* bzw. *Gast*).

Passato remoto der regelmäßigen Verben auf -ere

vendere *verkaufen*	vendei *oder* vendetti vendesti vendé *oder* vendette vendemmo vendeste venderono *oder* vendettero

Das Passato remoto der Verben auf -ere ist meist unregelmäßig. Die wenigen regelmäßigen Verben haben im Passato remoto in der 1. Person Singular und in der 3. Person im Singular und Plural zwei Formen. Die Langformen auf -etti, -ette, -ettero werden häufiger verwendet.

Bei Verben, deren Stamm auf -t endet (wie potere), werden nur die Kurzformen verwendet:
potei, poté, poterono.

Besonderheiten bei den Verben auf -ire

Ein Musterverb für die Verben auf -ire ist sentire.

Nicht alle Verben auf -ire werden jedoch wie sentire konjugiert. Sehr viele dieser Verben haben eine Stammerweiterung, und haben in manchen Zeiten und Personen die Buchstaben -isc- vor der Endung. In der folgenden Tabelle finden Sie die davon betroffenen Formen:

	io	tu	lui	noi	voi	loro
Indicativo presente	finisco	finisci	finisce	finiamo	finite	finiscono
Congiuntivo Presente	finisca	finisca	finisca	finiamo	finiate	finiscano
Imperativo		finisci!	finisca!	finiamo!	finite!	

Orthographische Besonderheiten

Zahlreiche italienische Verben weisen regelmäßige orthographische Veränderungen auf, damit die Aussprache der Grundform beibehalten werden kann:

Bei Verben, die auf -care und -gare enden, wird vor den Endungen -e und -i ein -h eingefügt, d. h. also: c wird ch und g wird gh.

cer**care** — cerco, cer**ch**i, cerca, cer**ch**iamo, ...
pa**gare** — pago, pa**gh**i, paga, pa**gh**iamo, ...

Verben auf -ciare, -giare und -sciare verlieren das -i- ihres Stamms vor Endungen, die mit -i oder -e anfangen.

ba**ciare** — bac**i**, bac**iamo**, ...
man**giare** — mang**erò**, mang**erai**, ...
la**sciare** — lasc**iamo**, lasc**erete**, ...

Bei Verben auf -iare entfällt das unbetonte -i- vor dem -i der Endung.

stud**iare** — studio, stụd**i**, studia, stud**iạmo**, ...

Das betonte -i- bleibt jedoch erhalten.

avv**iare** — avvio, avv**ịi**, avvia, avv**ịino**, ...

Achtung! Bei Verben auf -cere und -gere variiert die Aussprache von -c- und -g- je nach der Endung, es wird also kein Buchstabe eingefügt oder geändert.

vin**cere** — vin**c**o, vin**c**i, vin**c**e, vin**c**iamo, ...
leg**gere** — leg**g**o, leg**g**i, leg**g**e, leg**g**iamo, ...

Doch keine Regel ohne Ausnahme: Bei cuocere wird die Aussprache der Grundform beibehalten und daher vor -a und -o ein -i- eingeschoben, d. h. also: c wird ci.

cuo**cere** — cuo**ci**o, cuoci, cuoce, cuo**ci**amo, ...

Aber: Verben auf -cere, die das Participio passato regelmäßig auf -uto bilden, erhalten vor dieser Endung zusätzlich ein -i-.

pia**cere** — piac**i**uto
conos**cere** — conosc**i**uto

Bei Verben, die auf -cire enden, wird vor den Endungen -a und -o ein -i- eingeschoben, d.h. also: c wird ci.

cu**cire** — cuc**i**o, cuci, cuc**i**ono, ...

Achtung! Bei Verben auf -gire wird die Aussprache von -g- durch die Endung bestimmt, d. h. es erfolgt keine Änderung.

fug**gire** — fug**g**o, fug**g**i, fug**g**e, ...

Das reflexive Verb

Es gibt reflexive Verben auf -are, -ere und -ire; ihre Konjugation richtet sich nach den allgemeinen Regeln, allerdings mit zwei wichtigen Unterschieden:

1. Die Reflexivpronomen mi, ti, si, ci, vi, si stehen immer beim Verb, und zwar in der Regel vor dem Verb.

2. Reflexive Verben werden in den zusammengesetzten Zeiten immer mit essere konjugiert. Das Partizip richtet sich dabei in Geschlecht und Zahl nach dem Subjekt.

Wenn ein reflexives Verb zusammen mit einem Modalverb (volere, potere, dovere) auftritt, steht:

1. als Hilfsverb essere, wenn das Reflexivpronomen vor dem konjugierten Verb steht:
   Mi sono dovuta lavare. *Ich musste mich waschen.*

2. als Hilfsverb avere, wenn das Reflexivpronomen an den Infinitiv angehängt wird:
   Ho dovuto lavarmi. *Ich musste mich waschen.*

Die Hilfsverben

Mit den Hilfsverben essere und avere werden die zusammengesetzten Zeiten gebildet.

Mit avere werden verbunden:

- alle transitiven Verben (Verben mit einem direkten Objekt)
  Ho mangiato una pizza. *Ich habe eine Pizza gegessen.*

- manche intransitive Verben (Verben ohne direktes Objekt)
  Ha riso. *Er hat gelacht.*

- folgende Verben – im Gegensatz zum Deutschen:

camminare	*entlang gehen*
girare	*ziehen* (im Sinne von *wandern*)
nuotare	*schwimmen*
passeggiare	*spazieren gehen*
sciare	*Ski fahren*
viaggiare	*reisen*

  Ein Beispiel:
  Hai viaggiato molto? *Bist du viel gereist?*

Mit essere werden verbunden:

- die meisten Verben, die eine Bewegung, einen Wechsel oder das Beibehalten eines Zustands bezeichnen (wie im Deutschen), wie z. B. andare *(gehen)*, cadere *(fallen)*, diventare *(werden)*, entrare *(betreten)*, morire *(sterben)*, nascere *(geboren werden)*, rimanere *(bleiben)*.

- reflexive (und reflexiv gebrauchte) Verben
  Mi sono lavata i capelli. *Ich habe mir die Haare gewaschen.*
  Si è mangiato tutta la torta. *Er hat den ganzen Kuchen gegessen.*

- unpersönliche und unpersönlich gebrauchte Verben
  E' piovuto tutta la notte. *Es hat die ganze Nacht geregnet.*
  E' successo di tutto. *Es ist alles Mögliche passiert.*
  Si è discusso a lungo. *Man hat lange diskutiert.*

- Die Verben, die die Wetterlage ausdrücken, werden in der Umgangssprache oft mit avere verbunden:
  Stanotte è / ha nevicato. *Heute Nacht hat es geschneit.*

- die Modalverben dovere, potere, volere, wenn auf sie ein Verb folgt, das essere verlangt:
  Non sono potuta venire. *Ich konnte nicht kommen.*

- Mit dovere, potere und volere wird in der Umgangssprache häufig auch avere benutzt:
  Non ho potuto venire. *Ich konnte nicht kommen.*

- im Gegensatz zum Deutschen werden folgende Verben mit essere verbunden:

bastare	*reichen, genügen*
costare	*kosten*
dispiacere	*Leid tun*
durare	*dauern*
esistere	*existieren*
parere	*scheinen*
piacere	*gefallen*
servire	*nützen, dienen*

  Ein Beispiel:
  Il film è durato tre ore. *Der Film hat drei Stunden gedauert.*

Bei der Bildung mit essere richtet sich das Partizip in Geschlecht und Zahl nach dem Subjekt.

Der Indikativ

Der Indikativ wird meist gebraucht, wenn ein Geschehen als wahr dargestellt wird. Im Indikativ können drei Zeitstufen unterschieden werden:

Vorzeitigkeit	*Gleichzeitigkeit*	*Nachzeitigkeit*
Passato prossimo Imperfetto Passato remoto Trapassato prossimo Trapassato remoto	Presente	Futuro semplice Futuro anteriore

Das Presente

Das Präsens wird gebildet aus dem Stamm des Verbs + folgenden Endungen:
Verben auf -are: -o, -i, -a, -iamo, -ate, -ano
Verben auf -ere: -o, -i, -e, -iamo, -ete, -ono
Verben auf -ire: -o, -i, -e, -iamo, -ite, -ono

Das Presente (Präsens) wird benutzt für:

1. Zustände oder Handlungen,
   - die sich in der Gegenwart abspielen:
     Oggi piove. *Heute regnet es.*
   - die bis in die Gegenwart dauern:
     Abito a Pisa da cinque anni. *Ich wohne seit fünf Jahren in Pisa.*
2. Gewohnheiten:
   La sera mi piace leggere un libro. *Abends lese ich gerne ein Buch.*
3. zeitlos gültige Feststellungen:
   Lavorare stanca. *Arbeiten ermüdet.*
4. eine zukünftige Handlung, die als sicher angesehen wird:
   Domani parto. *Morgen fahre ich weg.*
5. historisches Presente, von der Vergangenheit wird berichtet, als ob es Gegenwart wäre; dient dazu dramatisch / lebhaft zu erzählen:
   Nel 1969 Neil Armstrong sbarca sulla luna. *1969 landet Neil Armstrong auf dem Mond.*

Das Passato prossimo

Das Passato prossimo (Perfekt) wird gebildet aus einer Präsensform des Hilfsverbs (essere oder avere) und dem Partizip Perfekt.

Das Passato prossimo (Perfekt) bezeichnet:

1. vergangene Handlungen, deren Folgen noch in der Gegenwart andauern:
   Gino mi ha scritto una lettera; devo rispondergli. — *Gino hat mir einen Brief geschrieben; ich muss ihm darauf antworten.*
2. Handlungen, die gerade eben passiert sind:
   Siamo appena arrivati. — *Wir sind gerade angekommen.*
3. Handlungen, die sich in einem Zeitraum abgespielt haben, der noch andauert:
   Che cosa hai fatto oggi? — *Was hast du heute gemacht?*
4. in manchen Fällen Handlungen, die in der Zukunft abgeschlossen werden (anstelle des Futuro anteriore):
   Alle tre ho finito e passo a prenderti. — *Um drei bin ich fertig, ich hole dich dann ab.*

Das Passato remoto

Das Passato remoto (historisches Perfekt) wird gebildet aus dem Stamm des Verbs + folgenden Endungen:
Verben auf -are: -ai, -asti, -ò, -ammo, -aste, -arono
Verben auf -ere: -ei, -esti, -é, -emmo, -este, -erono
Die 1. und 3. Person Singular und die 3. Person Plural der Verben auf -ere haben auch noch eine Langform auf -etti, -ette und -ettero.
Verben auf -ire: -ii, -isti, -ì, -immo, -iste, -irono

Das Passato remoto (historisches Perfekt) bezeichnet einen in der Vergangenheit abgeschlossenen Vorgang, unabhängig von seinen Auswirkungen auf die Gegenwart. Die Dauer oder Häufigkeit des Vorgangs ist dabei nicht von Belang:

Petrarca visse ad Avignone. — *Petrarca lebte in Avignon.*
Manzoni morì nel 1873. — *Manzoni starb 1873.*

Der Unterschied zwischen Passato remoto und Passato prossimo besteht im unterschiedlichen Grad der „Gegenwartsnähe“: Während das Passato prossimo die „Aktualität“ von Handlungen unterstreicht, rückt sie das Passato remoto in eine entferntere Vergangenheit. Vergleichen Sie die folgenden zwei Beispiele:

Italo Svevo ha scritto "La Coscienza di Zeno". — *Italo Svevo hat „La Coscienza di Zeno" geschrieben.*

Passato prossimo: Betonung liegt auf Aktualität. Svevo ist der Autor des Buches, das Buch gibt es, wir können es heute lesen.

Italo Svevo scrisse "La Coscienza di Zeno" dal 1919 al 1923. — *Italo Svevo schrieb „La Coscienza di Zeno" von 1919 bis 1923.*

Passato remoto: Anfang und Ende der Handlung stehen im Vordergrund, die Handlung ist in der Vergangenheit abgeschlossen.

In der gesprochenen Sprache wird in Norditalien das Passato prossimo immer mehr anstelle des Passato remoto verwendet; das Passato remoto wird weiterhin in der Schriftsprache benutzt, insbesondere als Erzählzeit. In Süditalien werden sowohl das Passato prossimo als auch das Passato remoto gebraucht mit der Tendenz, auch ganz nahe Ereignisse im Passato remoto wiederzugeben. Nur in Mittelitalien werden Passato prossimo und Passato remoto streng auseinandergehalten.

Das Imperfetto

Das Imperfetto (Imperfekt) wird gebildet aus dem Stamm des Verbs + folgenden Endungen:
Verben auf -are: -avo, -avi, -ava, -avamo, -avate, -avano
Verben auf -ere: -evo, -evi, -eva, -evamo, -evate, -evano
Verben auf -ire: -ivo, -ivi, -iva, -ivamo, -ivate, -ivano

Das Imperfetto (Imperfekt) bezeichnet:

1. vergangene Handlungen, Vorgänge oder Zustände, die als nicht abgeschlossen angesehen werden (Hintergrundschilderung):
   Il cavallo galoppava nella foresta. — *Das Pferd lief im Galopp durch den Wald.*
   Nevicava fitto fitto. — *Es schneite heftig.*
   Mio fratello stava male. — *Meinem Bruder ging es schlecht.*
2. in der Vergangenheit regelmäßig wiederholte Handlungen:
   Da piccola giocavo sempre fuori. — *Als ich klein war, spielte ich immer draußen.*

Weitere Verwendungen des Imperfetto:

3. abgeschwächte, höfliche Darstellung eines Anliegens / eines Einwandes / einer Absage:
   Buongiorno, volevo parlare con Lucia. — *Guten Tag, ich wollte Lucia sprechen.*

4. umgangssprachlicher Ersatz für:
- das Condizionale passato
  Potevi dirmelo. — *Das hättest du mir sagen können.*
  statt: Avresti potuto dirmelo.
- das Congiuntivo trapassato
  Se venivi prima, ce la facevamo. — *Wärst du früher gekommen, hätten wir's geschafft.*
  statt: Se fossi venuto prima, ce l'avremmo fatta.

Gegenüberstellung von Imperfetto und Passato prossimo

1. Wenn mehrere Vorgänge in der Vergangenheit gleichzeitig nebeneinander verlaufen, ohne zu einem Abschluss zu kommen, so stehen sie alle im Imperfetto:
   Mentre lavoravo, mio marito guardava la Formula Uno. — *Während ich arbeitete, sah sich mein Mann die Formel Eins an.*
2. Ist von zwei vergangenen Geschehen das eine noch im Verlauf, während das zweite einsetzt, so steht das erste im Imperfetto, und das zweite im Passato prossimo:
   Mentre lavoravo, è suonato il telefono. — *Während ich arbeitete, hat das Telefon geklingelt.*
3. Wenn mehrere in sich abgeschlossene Vorgänge der Vergangenheit aufeinanderfolgen, stehen sie im Passato prossimo:
   E' suonato il telefono, così mi sono alzata e ho alzato la cornetta. — *Das Telefon hat geklingelt, deshalb bin ich aufgestanden und habe den Hörer abgenommen.*

Hier noch eine kleine Hilfe, welche Zeitform Sie wann benutzen:
Als Begleitumstände zählen Beschreibungen, Kommentare, Erklärungen, Begründungen, Absichten usw. Sie müssen zeitlich ohne Begrenzung dargestellt sein. Dann wird das Imperfetto benutzt.
Die Ereignisse der Handlungskette werden oft durch Signalwörter wie improvvisamente, allora, poi, usw. angezeigt. Zur Darstellung der Handlungskette wird das Passato prossimo verwendet.

Bei einigen Verben ergibt sich ein Bedeutungsunterschied, je nachdem, ob sie im Imperfetto oder im Passato prossimo stehen (im Deutschen wird es durch zwei verschiedene Verben wiedergegeben):

avere	Avevo paura.	*Ich hatte Angst.*
	Ho avuto paura.	*Ich bekam Angst.*
conoscere	Lo conoscevo dal 1975.	*Ich kannte ihn seit 1975.*
	L'ho conosciuto nel 1975.	*Ich habe ihn 1975 kennen gelernt.*

sapere	Lo sapevi? Da chi l'hai saputo?	*Wusstest du das?* *Von wem hast du das erfahren?*
sentirsi	Si sentiva male. Si è sentito male.	*Er fühlte sich schlecht.* *Es wurde ihm schlecht.*

Das Futuro und das Futuro anteriore

Das Futuro (Futur I) wird gebildet aus dem Infinitiv des Verbs ohne -e + folgenden Endungen: -ò, -ai, -à, -emo, -ete, -anno.
Dabei wird jedoch bei den Verben auf -are das -a- zu einem -e-, also trovare - troverò.

Das Futuro (Futur I) wird verwendet, um

1. Handlungen oder Zustände auszudrücken, die in der Zukunft liegen:
   Arriverò domani. — *Ich werde morgen ankommen.*
2. eine Vermutung auszudrücken:
   Il mio dentista avrà quarant'anni. — *Mein Zahnarzt dürfte 40 Jahre alt sein.*
3. einen Befehl auszudrücken:
   Farai quello che dico io! — *Du wirst tun, was ich dir sage!*

Das Futuro anteriore (Futur II) wird gebildet aus einer Futurform des Hilfsverbs (essere oder avere) und dem Partizip Perfekt.

Das Futuro anteriore (Futur II) bezeichnet:

1. Handlungen oder Zustände, die vor anderen Handlungen in der Zukunft stattfinden (eine Art „Vergangenheit in der Zukunft"):
   Quando lo avrai visto, capirai perché dico questo. — *Wenn du ihn gesehen hast, wirst du verstehen, warum ich das sage.*
   Ti telefonerò appena sarò arrivato. — *Ich rufe dich an, sobald ich angekommen bin.*

   In der Umgangssprache wird in diesen Fällen häufig auch das einfache Futuro gebraucht, oder - im Zusammenhang mit dem als Futuro gebrauchten Presente - das Passato prossimo:

Futuro Futuro anteriore	Ti telefonerò appena sarò arrivato.	*Ich werde dich anrufen,* *sobald ich angekommen bin.*
Futuro Futuro	Ti telefonerò appena arriverò.	*Ich werde dich anrufen,* *sobald ich ankomme.*
Presente Passato prossimo	Ti telefono appena sono arrivato.	*Ich rufe dich an,* *sobald ich angekommen bin.*

2. eine Vermutung in der Vergangenheit:
   Saranno state le otto. *Es wird 8 Uhr gewesen sein.*

Der Imperativo – Die Befehlsform

Zu den Formen des Imperativs:

- Alle Imperativformen stimmen mit den Präsensformen überein, außer den Verben auf -are, die den Imperativ der 2. Person Singular auf -a bilden (z. B. mangia!, studia!).
- Der verneinte Imperativ der 2. Person Singular wird mit non + Infinitiv gebildet, z. B.:
  Non fumare! *Rauche nicht!*
  Non parlare! *Sprich nicht!*
- Der Imperativ der Höflichkeitsform stammt aus den Formen des Congiuntivo presente:
  Congiuntivo: Vuole che vada via. *Er will, dass ich weg gehe.*
  Imperativo: (Lei) vada via! *Gehen Sie weg!*

Das Condizionale

Das Condizionale (Konditional I) wird gebildet aus dem Infinitiv des Verbs ohne -e + folgenden Endungen: -ei, -esti, -ebbe, -emmo, -este, -ebbero.
Dabei wird jedoch bei den Verben auf -are das -a- zu einem e, also trovare – troverei.

Das Condizionale passato (Konditional II) wird gebildet aus einer Konditionalform des Hilfsverbs (essere oder avere) und dem Partizip Perfekt.

Das Condizionale (Konditional I) wird verwendet:

1. in Bedingungssätzen, um etwas Mögliches oder Irreales auszudrücken:
   Se fossi ricchissima, *Wenn ich sehr reich wäre,*
   viaggerei molto. *würde ich viel verreisen.*
2. als Condizionale passato (Konditional II) in der indirekten Rede, um die Nachzeitigkeit zu bezeichnen (Zukunft in der Vergangenheit):
   Disse che l'avrebbe fatto subito. *Er sagte, er würde es gleich tun.*
3. zum Ausdruck eines Wunsches:
   Vorrei andare in Australia. *Ich würde gerne nach Australien fliegen.*
4. zum Ausdruck einer höflichen Bitte oder Aufforderung:
   Ti dispiacerebbe aprire *Würde es dir etwas ausmachen,*
   la porta? *die Tür zu öffnen?*

5. zur Abschwächung von Aussagen:
   Secondo me sarebbe il caso di scusarsi. — *Meiner Meinung nach wäre es angebracht, sich zu entschuldigen.*
6. zur vorsichtigen Wiedergabe von Nachrichten:
   Secondo alcune indiscrezioni, il presidente sarebbe stato visto in un locale del centro. — *Nach Indiskretionen sei der Präsident in einem Lokal in der Stadtmitte gesehen worden.*
7. zum Ausdruck einer gewissen Skepsis:
   E quanto hai detto che costerebbe? — *Und was hast du gemeint, was es kosten soll?*

Der Congiuntivo

Während der Indikativ ein Geschehen als wahr und objektiv darstellt, tritt mit dem Congiuntivo (Konjunktiv) die Subjektivität in den Vordergrund!

Indicativo	
Carlo è malato.	*Carlo ist krank.*
Congiuntivo	
Mi dispiace che Carlo sia malato. Temo che Carlo sia malato.	*Es tut mir Leid, dass Carlo krank ist.* *Ich fürchte, dass Carlo krank ist.*

Der Congiuntivo wird gebildet aus dem Stamm des Verbs + folgenden Endungen:
Verben auf -are: -i, -i, -i, -iamo, -iate, -ino
Verben auf -ere und -ire: -a, -a, -a, -iamo, -iate, -ano

Der Congiuntivo (Konjunktiv) steht in Nebensätzen nach bestimmten Konjunktionen bzw. nach Verben, die einen Nebensatz mit che einleiten. Er wird von den Konjunktionen bzw. Ausdrücken automatisch ausgelöst. Er steht nach:

- Verben / Ausdrücke des Meinens und Glaubens
  Penso che l'Italia debba restare unita. — *Ich denke, dass Italien vereint bleiben sollte.*
- Verben / Ausdrücke der Willensäußerung / Hoffnung / Erlaubnis / Verbietens
  Voglio che lui mi dia una risposta. — *Ich möchte, dass er mir eine Antwort gibt.*
- Verben / Ausdrücke der Gefühlsäußerung
  Sono contenta che tu mi venga a trovare. — *Ich freue mich, dass du mich besuchst.*

- Verben / Ausdrücke des Zweifelns und der Unsicherheit
  Dubito che dica la verità. — *Ich bezweifle, dass er die Wahrheit sagt.*
- Unpersönliche Verben / Ausdrücke
  Può darsi che io abbia ragione. — *Es kann sein, dass ich Recht habe.*

Der Bedingungssatz

Im Italienischen wird die Konstruktion mit dem Bedingungssatz periodo ipotetico genannt. Die Konstruktion besteht aus dem durch se eingeleiteten Satz, der die Bedingung enthält, und dem Hauptsatz, in dem die Folge dargestellt wird. Im Deutschen entspricht dieser Konstruktion das Prinzip *wenn ..., dann ...* Je nachdem, wie wahrscheinlich die Bedingung und die Folge sind, werden unterschiedliche Zeitformen verwendet.

1. Reale Hypothese = Bedingung und Folge sind sehr wahrscheinlich.

se + Indikativ + Indikativ	
Se esco con questo tempo, mi ammalo / ammalerò.	*Wenn ich bei diesem Wetter ausgehe, werde ich krank (werden).*
se + Indikativ + Condizionale presente	
Se ti impegni di più, potresti -riuscirci.	*Wenn du dir mehr Mühe gibst, könntest du es schaffen.*
se + Indikativ + Imperativo	
Se esci, comprami le sigarette.	*Falls du ausgehst, kauf mir Zigaretten.*

2. Mögliche Hypothese = Bedingung und Folge sind zwar möglich, aber nicht sehr wahrscheinlich.

se + Congiuntivo imperfetto + Condizionale presente	
Se mangiassi regolarmente, non avresti mal di stomaco.	*Wenn du regelmäßig essen würdest, hättest du keine Magenschmerzen.*
se + Congiuntivo imperfetto + Imperativo	
Se ti sentissi male, telefonami.	*Falls es dir schlecht gehen sollte, ruf mich an.*

3. Irreale Hypothese = Bedingung und Folge sind unmöglich.

se + Congiuntivo imperfetto + Condizionale presente	
Se Monna Lisa vivesse nella nostra epoca, farebbe la fotomodella.	*Würde Mona Lisa heutzutage leben, wäre sie ein Model.*
se + Congiuntivo trapassato + Condizionale passato	
Se fosse stato al posto mio, non l'avrebbe fatto.	*Wenn er an meiner Stelle gewesen wäre, hätte er es nicht gemacht.*
se + Congiuntivo trapassato + Condizionale presente	
Se fossimo arrivati in tempo, i negozi sarebbero ancora aperti.	*Wenn wir rechtzeitig gekommen wären, wären die Läden noch offen.*

Das Gerundium

Das Gerundium wird folgendermaßen gebildet:

- bei Verben auf -are: Infinitivstamm + -ando.

  Beispiel: pensare: pens- + -ando = pensando

- bei Verben auf -ere und -ire: Infinitivstamm + -endo.

  Beispiel: vedere: ved- + -endo = vedendo
  sentire: sent- + -endo = sentendo

Das Gerundium wird benutzt, um Nebensätze zu verkürzen. Meist hat das Gerundium das gleiche Subjekt wie der Hauptsatz. Die Übersetzung dieser Konstruktion ins Deutsche hängt von der Funktion ab. Die Funktion des Gerundiums können Sie am besten aus dem Zusammenhang ableiten:

1. Betonung der Gleichzeitigkeit
   Uscendo di casa si è ricordato di aver dimenticato la borsa. — *Als er das Haus verließ, erinnerte er sich daran, dass er die Tasche vergessen hatte.*
2. Grund
   Essendo stanca, restò a casa. — *Da sie müde war, blieb sie zu Hause.*
3. Art und Weise, Mittel
   Sbagliando s'impara. — *Aus Fehlern lernt man.*
4. Bedingung, Voraussetzung
   Prendendo un taxi ce la facciamo. — *Wenn wir ein Taxi nehmen, schaffen wir es.*

5. Einräumung (mit pur!)
   Pur avendo tempo, non avevo voglia di vederlo. — *Obwohl ich Zeit hatte, hatte ich keine Lust ihn zu sehen.*
6. Folge
   La tazza mi è scivolata, rompendosi in mille pezzi. — *Die Tasse ist mir entglitten und in tausend Stücke zersprungen.*

Der Infinitiv

Der Infinitiv ohne Präposition

1. nach unpersönlichen Verben und Ausdrücken. Dazu gehören:
   basta, bisogna, conviene *(es ist besser)*, mi interessa, mi fa piacere, mi piace, è bene / meglio / possibile usw.

   E' interessante visitare chiese romaniche. — *Es ist interessant, romanische Kirchen zu besichtigen*

   E' un piacere incontrarti! — *Es ist eine Freude, dich zu treffen*

   Bisogna andarci. — *Man muss hingehen.*
2. nach che + Substantiv im Ausruf:
   Che bello rivederti! — *Wie schön, dich wieder zu sehen!*
3. nach den Verben amare, desiderare, intendere, osare, preferire:
   Amo bere il tè d'inverno. — *Ich liebe es, im Winter Tee zu trinken.*

Wie im Deutschen steht der Infinitiv ohne Präposition:

4. nach den Verben dovere, potere, sapere, volere, fare, lasciare:
   Non posso uscire, devo studiare. — *Ich kann nicht ausgehen, ich muss lernen.*
5. nach Verben der Wahrnehmung, z. B. vedere, sentire, guardare:
   Guardo mio figlio dormire. — *Ich schaue meinem Sohn beim Schlafen zu.*

Der Infinitiv steht darüber hinaus auch in den folgenden Fällen (die im Deutschen keine Entsprechung finden) ohne Präposition:

6. in emphatischen Aussagen und Fragesätzen:
   Io chiedergli scusa?! — *Ich soll mich entschuldigen?!*
7. in indirekten Fragesätzen:
   Non so come fare. — *Ich weiß nicht, wie ich es tun soll.*

8. in Relativsätzen zum Ausdruck einer Möglichkeit:
   Tutti hanno bisogno di qualcuno con cui parlare. — *Alle brauchen jemanden, mit dem sie reden können.*
9. in Arbeitsanweisungen und Aufforderungen:
   Leggere le avvertenze prima dell'uso. — *Vor der Benutzung die Gebrauchsanweisung lesen.*
10. im verneinten Imperativ der Du-Form:
    Non litigare con tuo fratello! — *Streite dich nicht mit deinem Bruder!*

Der Infinitiv mit di

Der Infinitiv mit di steht nach den Verben, die sonst ein direktes Objekt haben: Dazu gehören z. B.: ammettere di *(zugeben)*; aspettare di *(warten)*; credere di *(glauben)*; decidere di *(beschließen)*; dichiarare di *(erklären)*; dimenticare di *(vergessen)*; dire di *(sagen)*; evitare di *(vermeiden)*; finire di *(aufhören)*; giurare *(schwören)*; ricordare di *(sich erinnern)*; rifiutare di *(ablehnen)*; smettere di *(aufhören)*; sognare di *(träumen)*

Ho giurato di non venirci più. — *Ich habe mir geschworen, nicht mehr herzukommen.*

Mi ha detto di aver comprato una casa. — *Er hat mir gesagt, dass er ein Haus gekauft hat.*

Außerdem kann der Infinitiv mit di nach folgenden Verben stehen: dubitare di *(Bedenken haben)*; accusare di *(anklagen)*; pregare / chiedere / domandare di *(bitten)*; consigliare di *(raten)*; permettere di *(erlauben)*; proporre di *(vorschlagen)*; pentirsi di *(bereuen)*; vergognarsi di *(sich schämen)*

Der Infinitiv mit di steht auch nach den folgenden Ausdrücken:

- avere bisogno *(brauchen)*; avere tempo *(Zeit haben)*; avere voglia *(Lust haben)*; avere intenzione *(die Absicht haben)*; avere la possibilità *(die Möglichkeit haben)*; avere paura *(Angst haben)*; avere il coraggio *(den Mut haben)*; avere il dovere *(die Pflicht haben)*; avere il diritto *(das Recht haben)*

  Ho voglia di andare a teatro. — *Ich habe Lust, ins Theater zu gehen.*

- mit **essere**:
  essere capace *(fähig sein)*; essere certo / sicuro *(sicher sein)*; essere contento / felice *(froh sein)*; essere convinto *(überzeugt sein)*; essere fiero / orgoglioso *(stolz sein)*; essere libero *(frei sein)*; essere stanco *(es satt haben)*

  Sono stanco di sopportare questi rumori. — *Ich habe es satt, diese Geräusche zu ertragen.*

Der Infinitiv mit a

Der Infinitiv mit a steht:

1. nach Verben der Bewegung (andare, venire usw.) und des Bleibens (stare, rimanere usw.):
   Andiamo a mangiare. — *Gehen wir essen.*
   Rimaniamo a chiacchierare. — *Plaudern wir noch eine Weile.*
2. nach folgenden Verben:
   abituarsi *(sich gewöhnen);* aiutare *(helfen);* cominciare *(anfangen);* continuare *(weitermachen);* convincere *(überzeugen);* costringere / obbligare *(zwingen);* divertirsi *(Spaß haben);* imparare *(lernen);* invitare *(auffordern);* prepararsi *(sich vorbereiten);* provare a *(versuchen);* rinunciare *(verzichten);* riuscire *(es fertig bringen)*
   Sei riuscito a vederlo? — *Hast du es geschafft, ihn zu treffen?*
3. nach manchen Adjektiven, wie z. B.:
   abituato *(gewohnt),* adatto *(geeignet),* deciso *(entschlossen),* disposto / pronto *(bereit):*
   Sei pronto ad affrontare tutte le difficoltà? — *Bist du bereit, alle Schwierigkeiten zu meistern?*
4. nach avere difficoltà und fare fatica:
   Ho difficoltà / faccio fatica a capirlo. — *Ich habe Mühe, ihn zu verstehen.*

Der Infinitiv mit da

Der Infinitiv mit da steht:

1. zur Angabe der Bestimmung (vor allem nach che cosa, qualcosa, niente, molto, tanto, poco), des Zwecks oder der Notwendigkeit:
   Ho tanto da fare. — *Ich habe viel zu tun.*
   Dammi qualcosa da bere. — *Gib mir etwas zu trinken*
2. zur Angabe der Folge (così / tanto + Adjektiv / Adverb):
   Chi è cosi gentile da aiutarmi? — *Wer ist so nett und hilft mir?*
3. nach essere mit passivischer Bedeutung:
   Questo progetto è ancora da approvare. — *Dieser Entwurf muss noch genehmigt werden.*

1 **ẹssere**

sein

Indicativo

Presente	Passato prossimo		Imperfetto	Trapassato prossimo	
sono	sono	stato	ero	ero	stato
sei	sei	stato	eri	eri	stato
è	è	stato	era	era	stato
siamo	siamo	stati	eravamo	eravamo	stati
siete	siete	stati	eravate	eravate	stati
sono	sono	stati	ẹrano	ẹrano	stati

Passato remoto	Trapassato remoto		Futuro semplice	Futuro anteriore	
fui	fui	stato	sarò	sarò	stato
fosti	fosti	stato	sarai	sarai	stato
fu	fu	stato	sarà	sarà	stato
fummo	fummo	stati	saremo	saremo	stati
foste	foste	stati	sarete	sarete	stati
fụrono	fụrono	stati	saranno	saranno	stati

Congiuntivo

Presente	Imperfetto	Passato		Trapassato	
sia	fossi	sia	stato	fossi	stato
sia	fossi	sia	stato	fossi	stato
sia	fosse	sia	stato	fosse	stato
siamo	fọssimo	siamo	stati	fọssimo	stati
siate	foste	siate	stati	foste	stati
sịano	fọssero	sịano	stati	fọssero	stati

Condizionale

Presente	Passato	
sarei	sarei	stato
saresti	saresti	stato
sarebbe	sarebbe	stato
saremmo	saremmo	stati
sareste	sareste	stati
sarẹbbero	sarẹbbero	stati

Imperativo

—	
(tu)	sii
(Lei)	sia
(noi)	siamo
(voi)	siate
(loro)	sịano

Gerundio

Presente	Passato
essendo	essendo stato

Infinito

Passato

ẹssere stato

Participio

Passato

stato

Beispiele und Wendungen

Paolo è un ragazzo molto simpatico.
Paolo ist ein sehr sympathischer Junge.

essere felice	*glücklich sein*
c'è / ci sono	*es gibt, da ist / sind*
essere di Modena	*aus Modena sein*

Besonderheiten

Verben, die kein direktes Objekt haben, bilden die zusammengesetzten Zeiten im Allgemeinen mit dem Hilfsverb essere. Dazu zählen z. B.: andare, venire, entrare, scendere, salire, uscire, diventare, morire, dimagrire. Außerdem auch die Verben: essere, stare, restare.

Aber:

Sono corso a casa.	*Ich bin nach Hause gerannt.* (mit Zielangabe)
Oggi ho corso molto.	*Ich bin heute viel gerannt.* (ohne Zielangabe)

Das Partizip Perfekt muss bei der Bildung mit essere dem Subjekt in Genus und Numerus angeglichen werden:

Luigi è venuto.	*Luigi ist gekommen.*
Anna è uscita.	*Anna ist ausgegangen.*

Alle reflexiven Verben bilden die zusammengesetzten Zeiten mit essere:

Laura si è vestita.	*Laura* hat *sich angezogen.*

Tipp

Der Gebrauch von essere bei der Bildung des Passato prossimo entspricht weitgehend der Verwendung von *sein* bei der Perfektbildung im Deutschen.

haben

Indicativo

Presente	Passato prossimo
ho	ho avuto
hai	hai avuto
ha	ha avuto
abbiamo	abbiamo avuto
avete	avete avuto
hanno	hanno avuto

Imperfetto	Trapassato prossimo
avevo	avevo avuto
avevi	avevi avuto
aveva	aveva avuto
avevamo	avevamo avuto
avevate	avevate avuto
avevano	avevano avuto

Passato remoto	Trapassato remoto
ebbi	ebbi avuto
avesti	avesti avuto
ebbe	ebbe avuto
avemmo	avemmo avuto
aveste	aveste avuto
ebbero	ebbero avuto

Futuro semplice	Futuro anteriore
avrò	avrò avuto
avrai	avrai avuto
avrà	avrà avuto
avremo	avremo avuto
avrete	avrete avuto
avranno	avranno avuto

Congiuntivo

Presente	Imperfetto	Passato	Trapassato
abbia	avessi	abbia avuto	avessi avuto
abbia	avessi	abbia avuto	avessi avuto
abbia	avesse	abbia avuto	avesse avuto
abbiamo	avessimo	abbiamo avuto	avessimo avuto
abbiate	aveste	abbiate avuto	aveste avuto
abbiano	avessero	abbiano avuto	avessero avuto

Condizionale

Presente	Passato
avrei	avrei avuto
avresti	avresti avuto
avrebbe	avrebbe avuto
avremmo	avremmo avuto
avreste	avreste avuto
avrebbero	avrebbero avuto

Imperativo

—	
(tu)	abbi
(Lei)	abbia
(noi)	abbiamo
(voi)	abbiate
(loro)	abbiano

Gerundio

Presente	Passato
avendo	avendo avuto

Infinito

Passato
avere avuto

Participio

Passato
avuto

Beispiele und Wendungen

Giovanna ha una sorella e due fratelli.
Giovanna hat eine Schwester und zwei Brüder.

avere ... anni	*... Jahre alt sein*
avere fame / sete	*Hunger / Durst haben*
avere mal di testa	*Kopfschmerzen haben*
avere da fare qc	etw. *zu tun haben*
Che cosa hai?	*Was hast du? Was ist los mit dir?*
Quanti ne abbiamo oggi?	*Der Wievielte ist heute?*

Besonderheiten

Alle Verben, die ein direktes Objekt haben, bilden die zusammengesetzten Zeiten mit dem Hilfsverb avere.
Das Partizip Perfekt wird nur bei einem vorangestellten direkten Objekt angeglichen:

Francesco ha comprato la macchina.	*Francesco hat das Auto gekauft.*
Francesco l'ha comprata.	*Francesco hat es gekauft.*

Achtung: Bei den zusammengesetzten Vergangenheitsformen (z. B. Passato prossimo) hat avere die Bedeutung *bekommen*:

Mia sorella ha avuto un bambino.	*Meine Schwester hat ein Kind bekommen.*

Tipp

Der Gebrauch von avere bei der Bildung des Passato prossimo entspricht weitgehend der Verwendung von *haben* bei der Perfektbildung im Deutschen.

3 amare

lieben

Regelmäßiges Verb

Indicativo

Presente

am**o**
am**i**
am**a**
am**iamo**
am**ate**
am**ano**

Imperfetto

am**avo**
am**avi**
am**ava**
am**avamo**
am**avate**
am**avano**

Passato remoto

am**ai**
am**asti**
am**ò**
am**ammo**
am**aste**
am**arono**

Futuro semplice

am**erò**
am**erai**
am**erà**
am**eremo**
am**erete**
am**eranno**

Passato prossimo

ho	amato
hai	amato
ha	amato
abbiamo	amato
avete	amato
hanno	amato

Trapassato prossimo

avevo	amato
avevi	amato
aveva	amato
avevamo	amato
avevate	amato
avevano	amato

Trapassato remoto

ebbi	amato
avesti	amato
ebbe	amato
avemmo	amato
aveste	amato
ebbero	amato

Futuro anteriore

avrò	amato
avrai	amato
avrà	amato
avremo	amato
avrete	amato
avranno	amato

Congiuntivo

Presente

am**i**
am**i**
am**i**
am**iamo**
am**iate**
am**ino**

Imperfetto

am**assi**
am**assi**
am**asse**
am**assimo**
am**aste**
am**assero**

Passato

abbia	amato
abbia	amato
abbia	amato
abbiamo	amato
abbiate	amato
abbiano	amato

Trapassato

avessi	amato
avessi	amato
avesse	amato
avessimo	amato
aveste	amato
avessero	amato

Condizionale

Presente

am**erei**
am**eresti**
am**erebbe**
am**eremmo**
am**ereste**
am**erebbero**

Passato

avrei	amato
avresti	amato
avrebbe	amato
avremmo	amato
avreste	amato
avrebbero	amato

Imperativo

—	
(tu)	am**a**
(Lei)	am**i**
(noi)	am**iamo**
(voi)	am**ate**
(loro)	am**ino**

Gerundio

Presente

am**ando**

Passato

avendo amato

Infinito

Passato

avere amato

Participio

Passato

am**ato**

Beispiele und Wendungen

Anna e Federico amano le lingue antiche.
Anna und Federico lieben alte Sprachen.

amare fare qc	*etw. gerne tun*
amarsi	*sich lieben*

Weitere Verben

abitare – aiutare – arrivare – cantare – chiamare – continuare – fumare – guardare – lavorare – ordinare – parlare – pensare – portare – telefonare

abitare in campagna / città	*auf dem Land / in der Stadt wohnen*
aiutare un amico a fare qc	*einem Freund helfen, etw. zu tun*
chiamare qu	*jdn. (an)rufen*
continuare a fare qc	*fortfahren, etw. zu tun*
Vietato fumare!	*Rauchen verboten!*
guardare la TV	*fernsehen*
ordinare un caffè	*einen Espresso bestellen*
parlare piano / forte	*leise / laut sprechen*
penso di sì	*ich glaube ja*

Tipp

Amare ist ein Musterbeispiel für die Verben auf -are, die sonst keine Besonderheiten aufweisen. Die regelmäßigen Endungen des Verbs sind in der Konjugationstabelle fett hervorgehoben.

Konjugieren Sie doch mal eines der oben aufgeführten Verben durch, z. B. parlare *sprechen*. Markieren Sie dann jeweils die Endungen farbig.

4 andare

gehen

Indicativo

Presente	Passato prossimo	
vado	sono	andato
vai	sei	andato
va	è	andato
andiamo	siamo	andati
andate	siete	andati
vanno	sono	andati

Imperfetto	Trapassato prossimo	
andavo	ero	andato
andavi	eri	andato
andava	era	andato
andavamo	eravamo	andati
andavate	eravate	andati
andavano	erano	andati

Passato remoto	Trapassato remoto	
andai	fui	andato
andasti	fosti	andato
andò	fu	andato
andammo	fummo	andati
andaste	foste	andati
andarono	furono	andati

Futuro semplice	Futuro anteriore	
andrò	sarò	andato
andrai	sarai	andato
andrà	sarà	andato
andremo	saremo	andati
andrete	sarete	andati
andranno	saranno	andati

Congiuntivo

Presente	Imperfetto
vada	andassi
vada	andassi
vada	andasse
andiamo	andassimo
andiate	andaste
vadano	andassero

Passato		Trapassato	
sia	andato	fossi	andato
sia	andato	fossi	andato
sia	andato	fosse	andato
siamo	andati	fossimo	andati
siate	andati	foste	andati
siano	andati	fossero	andati

Condizionale

Presente	Passato	
andrei	sarei	andato
andresti	saresti	andato
andrebbe	sarebbe	andato
andremmo	saremmo	andati
andreste	sareste	andati
andrebbero	sarebbero	andati

Imperativo

—	
(tu)	va'/vai
(Lei)	vada
(noi)	andiamo
(voi)	andate
(loro)	vadano

Gerundio

Presente	Passato
andando	essendo andato

Infinito

Passato

essere andato

Participio

Passato

andato

Beispiele und Wendungen

Michele va a scuola sempre a piedi.
Michele geht immer zu Fuß zur Schule.

andare a piedi	*zu Fuß gehen*
andare in treno	*mit dem Zug fahren*
andare in vacanza	*in Urlaub fahren*
andare a trovare qu	*jdn. besuchen*
andare avanti	*weitergehen/-fahren, fortfahren*
Andiamo!	*Gehen wir! Los geht's!*

Besonderheiten

Bei andare handelt es sich um ein unregelmäßiges Verb, das bei der Konjugation zwei verschiedene Stämme aufweist (vgl. vado ↔ andiamo).

Die zusammengesetzten Zeiten von andare werden mit dem Hilfsverb essere gebildet.

Zu beachten ist die Verkürzung des Verbstamms bei der Bildung des Futurs und des Konditional Präsens (vgl. andrò ↔ am**e**rò, andrei ↔ am**e**rei).

Eine Besonderheit ist außerdem der Imperativ mit seinen zwei möglichen Formen va'/vai. Diese Doppelformen finden sich auch bei dare, fare und stare.

Tipp

Prägen Sie sich die Formen gut ein, da andare in der Bedeutung *gehen/fahren* häufig gebraucht wird. Bilden Sie doch beispielsweise mit den oben genannten Wendungen Sätze in jeder Person des Indikativ Präsens und sprechen Sie diese laut nach. Sie werden sehen, dass Sie die Formen dann schnell beherrschen.

5 avviare

einleiten, starten

Regelmäßiges Verb, aber: betontes -i- + -i- wird -ii- / unbetontes -i- + -i- wird -i-

Indicativo

Presente	Passato prossimo	
avvio	ho	avviato
avvii	hai	avviato
avvia	ha	avviato
avviamo	abbiamo	avviato
avviate	avete	avviato
avviano	hanno	avviato

Imperfetto	Trapassato prossimo	
avviavo	avevo	avviato
avviavi	avevi	avviato
avviava	aveva	avviato
avviavamo	avevamo	avviato
avviavate	avevate	avviato
avviavano	avevano	avviato

Passato remoto	Trapassato remoto	
avviai	ebbi	avviato
avviasti	avesti	avviato
avviò	ebbe	avviato
avviammo	avemmo	avviato
avviaste	aveste	avviato
avviarono	ebbero	avviato

Futuro semplice	Futuro anteriore	
avvierò	avrò	avviato
avvierai	avrai	avviato
avvierà	avrà	avviato
avvieremo	avremo	avviato
avvierete	avrete	avviato
avvieranno	avranno	avviato

Congiuntivo

Presente
avvii
avvii
avvii
avviamo
avviate
avviino

Imperfetto
avviassi
avviassi
avviasse
avviassimo
avviaste
avviassero

Passato	
abbia	avviato
abbia	avviato
abbia	avviato
abbiamo	avviato
abbiate	avviato
abbiano	avviato

Trapassato	
avessi	avviato
avessi	avviato
avesse	avviato
avessimo	avviato
aveste	avviato
avessero	avviato

Condizionale

Presente
avvierei
avvieresti
avvierebbe
avvieremmo
avviereste
avvierebbero

Passato	
avrei	avviato
avresti	avviato
avrebbe	avviato
avremmo	avviato
avreste	avviato
avrebbero	avviato

Imperativo

—	
(tu)	avvia
(Lei)	avvii
(noi)	avviamo
(voi)	avviate
(loro)	avviino

Gerundio

Presente	Passato
avviando	avendo avviato

Infinito

Passato

avere avviato

Participio

Passato

avviato

avviare

einleiten, starten

Beispiele und Wendungen

Alle otto Francesco e Lucia si avviano a casa.
Um acht Uhr machen sich Francesco und Lucia auf den Heimweg.

avviare il motore	*den Motor starten*
avviarsi a casa	*sich auf den Heimweg machen*

Weitere Verben

ampliare - deviare - espiare - forviare / fuorviare - inviare - obliare - ovviare - ravviare - razziare - rinviare - sciare - spiare - sviare - traviare

deviare il traffico	*den Verkehr umleiten*
inviare una lettera	*einen Brief (ver-)schicken*
rinviare un appuntamento	*einen Termin verschieben*
sciare sull'acqua	*Wasserski laufen*
spiare qu	*jdn. bespitzeln*

Besonderheiten

Bei diesen regelmäßigen Verben auf -iare wird das betonte -i- des Verbstammes beibehalten (siehe: avv**ii**, avv**ii**no).

Tipp

Lesen Sie die Formen der Konjugation laut vor und achten Sie bei -ii- darauf, dass das erste -i- betont wird. Wiederholen Sie dies auch bei den anderen Verben. Sie können sich dabei auch selbst aufnehmen und diese Aufnahme unterwegs abspielen. So können Sie zum Beispiel im Stau lernen.

6 baciare

küssen

Regelmäßiges Verb, aber:

-ci- + -e- wird -ce- / -ci- + -i- wird -ci-

Indicativo

Presente	Passato prossimo	
bacio	ho	baciato
baci	hai	baciato
bacia	ha	baciato
baciamo	abbiamo	baciato
baciate	avete	baciato
baciano	hanno	baciato

Imperfetto	Trapassato prossimo	
baciavo	avevo	baciato
baciavi	avevi	baciato
baciava	aveva	baciato
baciavamo	avevamo	baciato
baciavate	avevate	baciato
baciavano	avevano	baciato

Passato remoto	Trapassato remoto	
baciai	ebbi	baciato
baciasti	avesti	baciato
baciò	ebbe	baciato
baciammo	avemmo	baciato
baciaste	aveste	baciato
baciarono	ebbero	baciato

Futuro semplice	Futuro anteriore	
bacerò	avrò	baciato
bacerai	avrai	baciato
bacerà	avrà	baciato
baceremo	avremo	baciato
bacerete	avrete	baciato
baceranno	avranno	baciato

Congiuntivo

Presente
baci
baci
baci
baciamo
baciate
bacino

Imperfetto
baciassi
baciassi
baciasse
baciassimo
baciaste
baciassero

Passato	
abbia	baciato
abbia	baciato
abbia	baciato
abbiamo	baciato
abbiate	baciato
abbiano	baciato

Trapassato	
avessi	baciato
avessi	baciato
avesse	baciato
avessimo	baciato
aveste	baciato
avessero	baciato

Condizionale

Presente
bacerei
baceresti
bacerebbe
baceremmo
bacereste
bacerebbero

Passato	
avrei	baciato
avresti	baciato
avrebbe	baciato
avremmo	baciato
avreste	baciato
avrebbero	baciato

Imperativo

—	
(tu)	bacia
(Lei)	baci
(noi)	baciamo
(voi)	baciate
(loro)	bacino

Gerundio

Presente	Passato
baciando	avendo baciato

Infinito

Passato
avere baciato

Participio

Passato
baciato

Beispiele und Wendungen

Franco ha baciato Lucia per amicizia.
Franco hat Lucia aus Freundschaft geküsst.

baciare la mano	*die Hand küssen*
baciarsi	*sich küssen*

Weitere Verben

abbracciare - annunciare - cominciare - denunciare - incominciare - minacciare - pronunciare - raccorciare - rinunciare - schiacciare

abbracciare un amico	*einen Freund umarmen*
cominciare a fare qc	*beginnen, etw. zu tun*
pronunciare bene una parola	*ein Wort gut aussprechen*
rinunciare a qc	*auf etw. verzichten*
stracciare un foglio	*ein Blatt zerreißen*

Besonderheiten

Die Verben auf -ciare sind regelmäßig, jedoch fällt das -i- weg, wenn die Endung mit -e- beginnt (z. B. Futur: bac**e**rò, bac**e**rai, bac**e**rà etc.). Es bleibt außerdem nur ein -i- stehen, wenn die Endung bereits ein -i enthält (z. B. bac**i**).

Tipp

Achten Sie auf die Aussprache des -i- in -ciare. Dieses ist nur hörbar in den Formen baci, bacino. Bei allen anderen wird -i- nicht gesprochen (bacio, baciamo etc.).*
*Vgl. die Verben lasciare, mangiare

7 cercare

suchen

Regelmäßiges Verb, aber:
-c- wird -ch- vor -e und -i

Indicativo

Presente	Passato prossimo	Imperfetto	Trapassato prossimo
cerco	ho cercato	cercavo	avevo cercato
cerchi	hai cercato	cercavi	avevi cercato
cerca	ha cercato	cercava	aveva cercato
cerchiamo	abbiamo cercato	cercavamo	avevamo cercato
cercate	avete cercato	cercavate	avevate cercato
cercano	hanno cercato	cercavano	avevano cercato

Passato remoto	Trapassato remoto	Futuro semplice	Futuro anteriore
cercai	ebbi cercato	cercherò	avrò cercato
cercasti	avesti cercato	cercherai	avrai cercato
cercò	ebbe cercato	cercherà	avrà cercato
cercammo	avemmo cercato	cercheremo	avremo cercato
cercaste	aveste cercato	cercherete	avrete cercato
cercarono	ebbero cercato	cercheranno	avranno cercato

Congiuntivo

Presente	Imperfetto	Passato	Trapassato
cerchi	cercassi	abbia cercato	avessi cercato
cerchi	cercassi	abbia cercato	avessi cercato
cerchi	cercasse	abbia cercato	avesse cercato
cerchiamo	cercassimo	abbiamo cercato	avessimo cercato
cerchiate	cercaste	abbiate cercato	aveste cercato
cerchino	cercassero	abbiano cercato	avessero cercato

Condizionale

Presente	Passato
cercherei	avrei cercato
cercheresti	avresti cercato
cercherebbe	avrebbe cercato
cercheremmo	avremmo cercato
cerchereste	avreste cercato
cercherebbero	avrebbero cercato

Imperativo

—	
(tu)	cerca
(Lei)	cerchi
(noi)	cerchiamo
(voi)	cercate
(loro)	cerchino

Gerundio

Presente	Passato
cercando	avendo cercato

Infinito

Passato

avere cercato

Participio

Passato

cercato

Beispiele und Wendungen

Luigi cerca lavoro da più di un anno.
Luigi sucht seit über einem Jahr Arbeit.

cercasi pizzaiolo	*Pizzabäcker gesucht*
cercare di fare qc	*versuchen, etw. zu tun*
cercare una soluzione	*eine Lösung finden*

Weitere Verben

affaticare - attaccare - cascare - classificare - comunicare - criticare - dimenticare - giocare - giudicare - mancare - nevicare - pescare - praticare - provocare - pubblicare - significare - truccare - vendicare

Ci siamo cascati!	*Wir sind reingefallen!*
dimenticare di fare qc	*vergessen, etw. zu tun*
giocare a pallacanestro	*Basketball spielen*
pubblicare un libro	*ein Buch veröffentlichen*
truccarsi	*sich schminken*

Besonderheiten

Bei den regelmäßigen Verben auf -care wird vor -e und -i ein -h- eingefügt (z. B. cerc**h**i, cerc**h**erò),* um eine einheitliche Aussprache als [k] zu gewährleisten.

* Vgl. pagare

Tipp

Merken Sie sich: -ca-, -co-, -chi- und -che- enthalten allesamt den Laut [k]. Denken Sie einfach an das bekannte Weinanbaugebiet Chianti in der Toskana!

8 dare

geben

Indicativo

Presente	Passato prossimo	
do	ho	dato
dai	hai	dato
dà	ha	dato
diamo	abbiamo	dato
date	avete	dato
danno	hanno	dato

Imperfetto	Trapassato prossimo	
davo	avevo	dato
davi	avevi	dato
dava	aveva	dato
davamo	avevamo	dato
davate	avevate	dato
davano	avevano	dato

Passato remoto	Trapassato remoto	
diedi/detti	ebbi	dato
desti	avesti	dato
diede/dette	ebbe	dato
demmo	avemmo	dato
deste	aveste	dato
diedero/dettero	ebbero	dato

Futuro semplice	Futuro anteriore	
darò	avrò	dato
darai	avrai	dato
darà	avrà	dato
daremo	avremo	dato
darete	avrete	dato
daranno	avranno	dato

Congiuntivo

Presente
dia
dia
dia
diamo
diate
diano

Imperfetto
dessi
dessi
desse
dessimo
deste
dessero

Passato	
abbia	dato
abbia	dato
abbia	dato
abbiamo	dato
abbiate	dato
abbiano	dato

Trapassato	
avessi	dato
avessi	dato
avesse	dato
avessimo	dato
aveste	dato
avessero	dato

Condizionale

Presente
darei
daresti
darebbe
daremmo
dareste
darebbero

Passato	
avrei	dato
avresti	dato
avrebbe	dato
avremmo	dato
avreste	dato
avrebbero	dato

Imperativo

—	
(tu)	da'/dai
(Lei)	dia
(noi)	diamo
(voi)	date
(loro)	diano

Gerundio

Presente	Passato
dando	avendo dato

Infinito

Passato

avere dato

Participio

Passato

dato

dare

geben

Beispiele und Wendungen

Antonio dà sempre una mancia generosa al cameriere.
Antonio gibt dem Kellner immer ein großzügiges Trinkgeld.

Luisa ha dato uno schiaffo a suo fratello.
Luisa hat ihrem Bruder eine Ohrfeige gegeben.

dare del Lei / tu	*siezen / duzen*
alla TV / al cinema danno...	*im Fernsehen / Kino kommt / läuft ...*
darsi a qc	*sich etw. hingeben / widmen*
dare una mano a qc	*jdm. helfen*
Dai!	*Na los! Komm schon!*
darsi da fare	*sich engagieren / einsetzen*

Weitere Verben

ridare (*pres.*: ridò)

Besonderheiten

Die Formen des einfachen Futurs und des Konditional Präsens behalten das -a- bei (vgl. d**a**rò ↔ am**e**rò, d**a**rei ↔ am**e**rei).
Beachten Sie beim Imperativ die zwei möglichen Formen da' / dai. Diese Doppelformen finden sich auch bei andare, fare und stare.

Tipp

Lernen Sie die Konjugation von dare und stare zusammen, da sich beide sehr ähneln. Dadurch können Sie sich die Endungen leichter einprägen.

9 **lasciare**

lassen

Regelmäßiges Verb, aber:

-sci- + -e- wird -sce- / -sci- + -i- wird -sci-

Indicativo

Presente	Passato prossimo	
lascio	ho	lasciato
lasci	hai	lasciato
lascia	ha	lasciato
lasciamo	abbiamo	lasciato
lasciate	avete	lasciato
lasciano	hanno	lasciato

Imperfetto	Trapassato prossimo	
lasciavo	avevo	lasciato
lasciavi	avevi	lasciato
lasciava	aveva	lasciato
lasciavamo	avevamo	lasciato
lasciavate	avevate	lasciato
lasciavano	avevano	lasciato

Passato remoto	Trapassato remoto	
lasciai	ebbi	lasciato
lasciasti	avesti	lasciato
lasciò	ebbe	lasciato
lasciammo	avemmo	lasciato
lasciaste	aveste	lasciato
lasciarono	ebbero	lasciato

Futuro semplice	Futuro anteriore	
lascerò	avrò	lasciato
lascerai	avrai	lasciato
lascerà	avrà	lasciato
lasceremo	avremo	lasciato
lascerete	avrete	lasciato
lasceranno	avranno	lasciato

Congiuntivo

Presente

lasci
lasci
lasci
lasciamo
lasciate
lascino

Imperfetto

lasciassi
lasciassi
lasciasse
lasciassimo
lasciaste
lasciassero

Passato	
abbia	lasciato
abbia	lasciato
abbia	lasciato
abbiamo	lasciato
abbiate	lasciato
abbiano	lasciato

Trapassato	
avessi	lasciato
avessi	lasciato
avesse	lasciato
avessimo	lasciato
aveste	lasciato
avessero	lasciato

Condizionale

Presente

lascerei
lasceresti
lascerebbe
lasceremmo
lascereste
lascerebbero

Passato	
avrei	lasciato
avresti	lasciato
avrebbe	lasciato
avremmo	lasciato
avreste	lasciato
avrebbero	lasciato

Imperativo

—	
(tu)	lascia
(Lei)	lasci
(noi)	lasciamo
(voi)	lasciate
(loro)	lascino

Gerundio

Presente

lasciando

Passato

avendo lasciato

Infinito

Passato

avere lasciato

Participio

Passato

lasciato

Beispiele und Wendungen

Stasera mio padre mi lascia la macchina.
Mein Vater überlässt mir heute Abend das Auto.

Dopo due anni Chiara ha lasciato il suo fidanzato.
Nach zwei Jahren hat Chiara ihren Verlobten verlassen.

lasciarsi	*sich trennen*
Lascia perdere!	*Lass gut sein! Vergiss es!*
Lascia fare a me!	*Lass mich nur machen!*
lasciare in pace qu	*jdn. in Ruhe lassen*

Weitere Verben

angosciare - fasciare - rilasciare - sgusciare

rilasciare la patente	*den Führerschein ausstellen*
sgusciare una castagna	*eine Kastanie schälen*

Besonderheiten

Die Verben auf -sciare verlieren bei den Formen des Futurs und Konditionals das -i- des Stammes (z. B. la**sce**rò, la**sce**rei etc.).

Tipp

Das -i- in -sci- ist nur in lasci und lascino zu hören. Ansonsten wird -i- nicht ausge-sprochen.* Konjugieren Sie die Verben dieser Gruppe daher immer laut. Achten Sie auch darauf, das die Lautkombinationen -sci und -sce- (la**sci**amo, la**sce**rei) dem deutschen -sch- (z. B. *Schule*, *waschen*) entsprechen.

* Vgl. die Verben baciare, mangiare

mangiare

essen

Regelmäßiges Verb, aber:

-gi- + -e- wird -ge- / -gi- + -i- wird -gi-

Indicativo

Presente	Passato prossimo	
mangio	ho	mangiato
mangi	hai	mangiato
mangia	ha	mangiato
mangiamo	abbiamo	mangiato
mangiate	avete	mangiato
mangiano	hanno	mangiato

Imperfetto	Trapassato prossimo	
mangiavo	avevo	mangiato
mangiavi	avevi	mangiato
mangiava	aveva	mangiato
mangiavamo	avevamo	mangiato
mangiavate	avevate	mangiato
mangiavano	avevano	mangiato

Passato remoto	Trapassato remoto	
mangiai	ebbi	mangiato
mangiasti	avesti	mangiato
mangiò	ebbe	mangiato
mangiammo	avemmo	mangiato
mangiaste	aveste	mangiato
mangiarono	ebbero	mangiato

Futuro semplice	Futuro anteriore	
mangerò	avrò	mangiato
mangerai	avrai	mangiato
mangerà	avrà	mangiato
mangeremo	avremo	mangiato
mangerete	avrete	mangiato
mangeranno	avranno	mangiato

Congiuntivo

Presente

mangi
mangi
mangi
mangiamo
mangiate
mangino

Imperfetto

mangiassi
mangiassi
mangiasse
mangiassimo
mangiaste
mangiassero

Passato

abbia	mangiato
abbia	mangiato
abbia	mangiato
abbiamo	mangiato
abbiate	mangiato
abbiano	mangiato

Trapassato

avessi	mangiato
avessi	mangiato
avesse	mangiato
avessimo	mangiato
aveste	mangiato
avessero	mangiato

Condizionale

Presente

mangerei
mangeresti
mangerebbe
mangeremmo
mangereste
mangerebbero

Passato

avrei	mangiato
avresti	mangiato
avrebbe	mangiato
avremmo	mangiato
avreste	mangiato
avrebbero	mangiato

Imperativo

—	
(tu)	mangia
(Lei)	mangi
(noi)	mangiamo
(voi)	mangiate
(loro)	mangino

Gerundio

Presente

mangiando

Passato

avendo mangiato

Infinito

Passato

avere mangiato

Participio

Passato

mangiato

Beispiele und Wendungen

Stasera mangiamo al ristorante.
Heute Abend essen wir im Restaurant.

farsi da mangiare	*sich etw. zu essen machen*
Giorgio! Si mangia!	*Giorgio! (Es gibt) Essen!*

Weitere Verben

alloggiare – appoggiare – arrangiarsi – assaggiare – danneggiare – festeggiare – incoraggiare – noleggiare – parcheggiare – passeggiare – viaggiare

alloggiare qu	*jdn. beherbergen / unterbringen*
assaggiare il vino	*den Wein kosten / probieren*
festeggiare il compleanno	*Geburtstag feiern*
parcheggiare nel centro	*im Zentrum parken*
viaggiare in prima classe	*erster Klasse reisen*

Besonderheiten

Die Verben auf -giare verlieren bei den Formen des Futurs und Konditionals das -i- des Stammes (z. B. man**ge**rò, man**ge**rei).

Tipp

Das -i- in -gi- ist nur in mangi und mangino zu hören. Ansonsten wird -i- nicht ausge-sprochen.* Konjugieren Sie die Verben dieser Gruppe daher immer laut. Achten Sie auch darauf, dass die Lautkombinationen -gi- und -ge- (man**gi**amo, man**ge**rei) dem Laut in Ge*ntleman* entspricht.

* Vgl. die Verben baciare, lasciare

11 **pagare**

bezahlen

Regelmäßiges Verb,

aber: -g- wird -gh- vor -e und -i

Indicativo

Presente
pago
paghi
paga
paghiamo
pagate
pagano

Passato prossimo
ho	pagato
hai	pagato
ha	pagato
abbiamo	pagato
avete	pagato
hanno	pagato

Imperfetto
pagavo
pagavi
pagava
pagavamo
pagavate
pagavano

Trapassato prossimo
avevo	pagato
avevi	pagato
aveva	pagato
avevamo	pagato
avevate	pagato
avevano	pagato

Passato remoto
pagai
pagasti
pagò
pagammo
pagaste
pagarono

Trapassato remoto
ebbi	pagato
avesti	pagato
ebbe	pagato
avemmo	pagato
aveste	pagato
ebbero	pagato

Futuro semplice
pagherò
pagherai
pagherà
pagheremo
pagherete
pagheranno

Futuro anteriore
avrò	pagato
avrai	pagato
avrà	pagato
avremo	pagato
avrete	pagato
avranno	pagato

Congiuntivo

Presente
paghi
paghi
paghi
paghiamo
paghiate
paghino

Imperfetto
pagassi
pagassi
pagasse
pagassimo
pagaste
pagassero

Passato
abbia	pagato
abbia	pagato
abbia	pagato
abbiamo	pagato
abbiate	pagato
abbiano	pagato

Trapassato
avessi	pagato
avessi	pagato
avesse	pagato
avessimo	pagato
aveste	pagato
avessero	pagato

Condizionale

Presente
pagherei
pagheresti
pagherebbe
pagheremmo
paghereste
pagherebbero

Passato
avrei	pagato
avresti	pagato
avrebbe	pagato
avremmo	pagato
avreste	pagato
avrebbero	pagato

Imperativo

—	
(tu)	paga
(Lei)	paghi
(noi)	paghiamo
(voi)	pagate
(loro)	paghino

Gerundio

Presente
pagando

Passato
avendo pagato

Infinito

Passato
avere pagato

Participio

Passato
pagato

Beispiele und Wendungen

Il Signor Spagnoli paga sempre in contanti.
Herr Spagnoli bezahlt immer bar.

pagare il conto	die *Rechnung bezahlen*
pagare le tasse	*Steuern bezahlen*
Me la pagherai!	*Das wirst du mir büßen!*

Weitere Verben

allegare - allungare - collegare - fregare - interrogare - legare - litigare - lusingare - naufragare - navigare - negare - obbligare - pregare - sbrigare

allegare i documenti	*Unterlagen beifügen / anhängen (Computer)*
fregare qu	fam. *jdn. hereinlegen*
litigare con qu	*mit jdm. streiten*
farsi pregare	*sich bitten lassen*

Besonderheiten

Bei den regelmäßigen Verben auf -gare wird vor -e und -i ein -h- eingefügt (z. B. pag**h**i, pag**h**eremo).* Somit wird eine einheitliche Aussprache gewährleistet, welche dem Laut [g] entspricht.

* Vgl. cercare

Tipp

Merken Sie sich: -ga-, -go-, -ghi- und -ghe- enthalten allesamt den Laut [g]. Eine kleine Aussprachehilfe werden Ihnen sicherlich die leckeren Spaghetti bieten, die in zahlreichen Varianten zubereitet werden können.

stare

bleiben

Indicativo

Presente	Passato prossimo	
sto	sono	stato
stai	sei	stato
sta	è	stato
stiamo	siamo	stati
state	siete	stati
stanno	sono	stati

Imperfetto	Trapassato prossimo	
stavo	ero	stato
stavi	eri	stato
stava	era	stato
stavamo	eravamo	stati
stavate	eravate	stati
stavano	erano	stati

Passato remoto	Trapassato remoto	
stetti	fui	stato
stesti	fosti	stato
stette	fu	stato
stemmo	fummo	stati
steste	foste	stati
stettero	furono	stati

Futuro semplice	Futuro anteriore	
starò	sarò	stato
starai	sarai	stato
starà	sarà	stato
staremo	saremo	stati
starete	sarete	stati
staranno	saranno	stati

Congiuntivo

Presente	Imperfetto
stia	stessi
stia	stessi
stia	stesse
stiamo	stessimo
stiate	steste
stiano	stessero

Passato		Trapassato	
sia	stato	fossi	stato
sia	stato	fossi	stato
sia	stato	fosse	stato
siamo	stati	fossimo	stati
siate	stati	foste	stati
siano	stati	fossero	stati

Condizionale

Presente	Passato	
starei	sarei	stato
staresti	saresti	stato
starebbe	sarebbe	stato
staremmo	saremmo	stati
stareste	sareste	stati
starebbero	sarebbero	stati

Imperativo

—

(tu)	sta'/stai
(Lei)	stia
(noi)	stiamo
(voi)	state
(loro)	stiano

Gerundio

Presente	Passato
stando	essendo stato

Infinito

Passato

essere stato

Participio

Passato

stato

Beispiele und Wendungen

Sto in piedi, grazie. Non sono stanco.
Ich bleibe stehen, danke. Ich bin nicht müde.

I pantaloni ti stanno bene.
Die Hose steht dir gut.

Come stai / sta? — *Wie geht es dir / Ihnen?*
starsene a casa — *zu Hause bleiben*
Ci sto! — *Einverstanden! Ich bin dabei!*

Besonderheiten

Die Formen des einfachen Futurs und des Konditional Präsens behalten das -a- bei. (vgl. st**a**rò ↔ am**e**rò, st**a**rei ↔ am**e**rei) Beachten Sie beim Imperativ die zwei möglichen Formen sta' / stai.

Stare + gerundio presente umschreibt eine Handlung, die sich gerade im Verlauf befindet:
Cosa stai facendo? — *Was machst du gerade?*
Sto guardando la TV. — *Ich schaue gerade fern.*

Stare per + infinito umschreibt ein Ereignis, das gleich geschieht.
Sto per mangiare. — *Ich esse gleich.*

Tipp

Lernen Sie die Konjugation von stare und dare zusammen, da sich beide sehr ähneln. Das Gerundium ist im Italienischen sehr beliebt. Spielen Sie doch mit einem Partner ein paar Situationen durch, indem Sie ihn fragen, was er gerade tut und umgekehrt.

studiare

lernen

Regelmäßiges Verb, aber: -i- + -i- wird -i-

Indicativo

Presente	Passato prossimo
studio	ho studiato
studi	hai studiato
studia	ha studiato
studiamo	abbiamo studiato
studiate	avete studiato
studiano	hanno studiato

Imperfetto	Trapassato prossimo
studiavo	avevo studiato
studiavi	avevi studiato
studiava	aveva studiato
studiavamo	avevamo studiato
studiavate	avevate studiato
studiavano	avevano studiato

Passato remoto	Trapassato remoto
studiai	ebbi studiato
studiasti	avesti studiato
studiò	ebbe studiato
studiammo	avemmo studiato
studiaste	aveste studiato
studiarono	ebbero studiato

Futuro semplice	Futuro anteriore
studierò	avrò studiato
studierai	avrai studiato
studierà	avrà studiato
studieremo	avremo studiato
studierete	avrete studiato
studieranno	avranno studiato

Congiuntivo

Presente	Imperfetto	Passato	Trapassato
studi	studiassi	abbia studiato	avessi studiato
studi	studiassi	abbia studiato	avessi studiato
studi	studiasse	abbia studiato	avesse studiato
studiamo	studiassimo	abbiamo studiato	avessimo studiato
studiate	studiaste	abbiate studiato	aveste studiato
studino	studiassero	abbiano studiato	avessero studiato

Condizionale

Presente	Passato
studierei	avrei studiato
studieresti	avresti studiato
studierebbe	avrebbe studiato
studieremmo	avremmo studiato
studiereste	avreste studiato
studierebbero	avrebbero studiato

Imperativo

—	
(tu)	studia
(Lei)	studi
(noi)	studiamo
(voi)	studiate
(loro)	studino

Gerundio

Presente

studiando

Passato

avendo studiato

Infinito

Passato

avere studiato

Participio

Passato

studiato

Beispiele und Wendungen

Carla e Franco studiano economia all'università di Milano.
Carla und Franco studieren BWL an der Universität in Mailand.

Oggi resto a casa perché devo studiare.
Ich bleibe heute zu Hause, weil ich lernen muss.

studiare all'università	*an der Universität studieren*
studiare per un esame	*für eine Prüfung lernen*

Weitere Verben

annoiare - annunziare - apparecchiare - arrabbiar(si) - cambiare - divorziare - fischiare - fotocopiare - infischiarsi - iniziare - invecchiare - invidiare - licenziare - macchiare - odiare - pronunziare (pronunciare) - ringraziare - rischiare - risparmiare - scambiare - scoppiare - soffiare - viziare

apparecchiare la tavola	*den Tisch decken*
cambiarsi	*sich umziehen*
Me ne infischio!	*Ich pfeife drauf!*
licenziare qu	*jdn. entlassen*
ringraziare qu	*jdm. danken*
rischiare di fare qc	*riskieren, etw. zu tun*
scambiare una persona per un'altra	*eine Person mit jdm. verwechseln*

Besonderheiten

Bei diesen Verben auf -iare sind - im Gegensatz zu avviare - zwei aufeinander folgende -i- nicht möglich (z. B. stud**i**, stud**i**amo).

14 tagliare

schneiden

Regelmäßiges Verb, aber: -gli- + -i- wird -gli-

Indicativo

Presente	Passato prossimo	Imperfetto	Trapassato prossimo	Passato remoto	Trapassato remoto	Futuro semplice	Futuro anteriore
taglio	ho tagliato	tagliavo	avevo tagliato	tagliai	ebbi tagliato	taglierò	avrò tagliato
tagli	hai tagliato	tagliavi	avevi tagliato	tagliasti	avesti tagliato	taglierai	avrai tagliato
taglia	ha tagliato	tagliava	aveva tagliato	tagliò	ebbe tagliato	taglierà	avrà tagliato
tagliamo	abbiamo tagliato	tagliavamo	avevamo tagliato	tagliammo	avemmo tagliato	taglieremo	avremo tagliato
tagliate	avete tagliato	tagliavate	avevate tagliato	tagliaste	aveste tagliato	taglierete	avrete tagliato
tagliano	hanno tagliato	tagliavano	avevano tagliato	tagliarono	ebbero tagliato	taglieranno	avranno tagliato

Congiuntivo

Presente	Imperfetto	Passato	Trapassato
tagli	tagliassi	abbia tagliato	avessi tagliato
tagli	tagliassi	abbia tagliato	avessi tagliato
tagli	tagliasse	abbia tagliato	avesse tagliato
tagliamo	tagliassimo	abbiamo tagliato	avessimo tagliato
tagliate	tagliaste	abbiate tagliato	aveste tagliato
taglino	tagliassero	abbiano tagliato	avessero tagliato

Condizionale

Presente	Passato
taglierei	avrei tagliato
taglieresti	avresti tagliato
taglierebbe	avrebbe tagliato
taglieremmo	avremmo tagliato
tagliereste	avreste tagliato
taglierebbero	avrebbero tagliato

Imperativo

—	
(tu)	taglia
(Lei)	tagli
(noi)	tagliamo
(voi)	tagliate
(loro)	taglino

Gerundio

Presente	Passato
tagliando	avendo tagliato

Infinito

Passato

avere tagliato

Participio

Passato

tagliato

Beispiele und Wendungen

Ugo si fa tagliare i capelli una volta al mese.
Ugo lässt sich einmal im Monat die Haare schneiden.

tagliare a pezzi	*in Stücke schneiden*
tagliarsi con il coltello	*sich mit dem Messer schneiden*
Taglia corto!	*Mach es kurz!*

Weitere Verben

assomigliare - consigliare - invogliare - meravigliare - pigliare - rassomigliare - sbagliare - sconsigliare - somigliare - spogliare - squagliarsi - svegliare

consigliare un ristorante	*ein Restaurant empfehlen*
meravigliarsi di qu	*sich über jdm. wundern*
sbagliare numero	*sich verwählen*
somigliare a qu	*jdm. ähnlich sehen*
squagliarsela	*sich davonmachen*

Besonderheiten

Tagliare und die weiteren Verben dieser Gruppe auf -gliare werden regelmäßig konjugiert, beachten Sie jedoch: -gli- + -i- wird -gli- (z. B. ta**gli**, ta**gli**amo).

Tipp

Für Italienischlerner stellt die Aussprache von -gli-* häufig ein Problem dar. Vergleiche Sie diesen Laut mit -lj- in dem Wort *Kabeljau*.
* Vgl. cogliere, scegliere

battere

schlagen

Regelmäßiges Verb

Indicativo

Presente

batt**o**
batt**i**
batt**e**
batt**iamo**
batt**ete**
batt**ono**

Passato prossimo

ho	battuto
hai	battuto
ha	battuto
abbiamo	battuto
avete	battuto
hanno	battuto

Imperfetto

batt**evo**
batt**evi**
batt**eva**
batt**evamo**
batt**evate**
batt**evano**

Trapassato prossimo

avevo	battuto
avevi	battuto
aveva	battuto
avevamo	battuto
avevate	battuto
avevano	battuto

Passato remoto

batt**ei**
batt**esti**
batt**é**
batt**emmo**
batt**este**
batt**erono**

Trapassato remoto

ebbi	battuto
avesti	battuto
ebbe	battuto
avemmo	battuto
aveste	battuto
ebbero	battuto

Futuro semplice

batt**erò**
batt**erai**
batt**erà**
batt**eremo**
batt**erete**
batt**eranno**

Futuro anteriore

avrò	battuto
avrai	battuto
avrà	battuto
avremo	battuto
avrete	battuto
avranno	battuto

Congiuntivo

Presente

batt**a**
batt**a**
batt**a**
batt**iamo**
batt**iate**
batt**ano**

Imperfetto

batt**essi**
batt**essi**
batt**esse**
batt**essimo**
batt**este**
batt**essero**

Passato

abbia	battuto
abbia	battuto
abbia	battuto
abbiamo	battuto
abbiate	battuto
abbiano	battuto

Trapassato

avessi	battuto
avessi	battuto
avesse	battuto
avessimo	battuto
aveste	battuto
avessero	battuto

Condizionale

Presente

batt**erei**
batt**eresti**
batt**erebbe**
batt**eremmo**
batt**ereste**
batt**erebbero**

Passato

avrei	battuto
avresti	battuto
avrebbe	battuto
avremmo	battuto
avreste	battuto
avrebbero	battuto

Imperativo

—	
(tu)	batt**i**
(Lei)	batt**a**
(noi)	batt**iamo**
(voi)	batt**ete**
(loro)	batt**ano**

Gerundio

Presente

batt**endo**

Passato

avendo battuto

Infinito

Passato

avere battuto

Participio

Passato

batt**uto**

Beispiele und Wendungen

L'orologio del campanile batte le undici.
Die Uhr des Glockenturms schlägt elf.

La Francia ha battuto il Brasile uno a zero.
Frankreich hat Brasilien eins zu null geschlagen.

battersi per qu	*sich für jdn. schlagen*
battere alla porta	*an die Tür klopfen*
Mi batte il cuore.	*Ich habe Herzklopfen.*
battersi la testa	*sich den Kopf stoßen*
battere le mani	*in die Hände klatschen*
battere un primato	*einen Rekord brechen*
battere un calcio di rigore	*einen Elfmeter schießen*

Weitere Verben

competere - concernere - discernere - esimere - incombere

competere con qu	*mit jdm. konkurrieren / wetteifern*
esimere qu da qc	*jdn. von etw. entbinden*

Tipp

Battere ist ein Musterbeispiel für die Verben auf -ere, die sonst keine Besonderheiten aufweisen. Die regelmäßigen Endungen des Verbs sind in der Konjugationstabelle fett hervorgehoben. Markieren Sie die Endungen dieser Konjugation farbig und prägen Sie sich die Formen gut ein.

Aus battere werden auch zahlreiche Substantive abgeleitet: z. B. la batteria *Schlagzeug*, il batterista *Schlagzeuger*.

16 crẹdere

glauben, meinen

Regelmäßiges Verb mit 2 möglichen Endungen im Passato remoto

Indicativo

Presente

cred**o**
cred**i**
cred**e**
cred**iamo**
cred**ete**
crẹd**ono**

Passato prossimo

ho	creduto
hai	creduto
ha	creduto
abbiamo	creduto
avete	creduto
hanno	creduto

Imperfetto

cred**evo**
cred**evi**
cred**eva**
cred**evamo**
cred**evate**
cred**ẹvano**

Trapassato prossimo

avevo	creduto
avevi	creduto
aveva	creduto
avevamo	creduto
avevate	creduto
avẹvano	creduto

Passato remoto

cred**ei/-etti**
cred**esti**
cred**é/-ette**
cred**emmo**
cred**este**
cred**ẹrono/-ẹttero**

Trapassato remoto

ebbi	creduto
avesti	creduto
ebbe	creduto
avemmo	creduto
aveste	creduto
ẹbbero	creduto

Futuro semplice

cred**erò**
cred**erai**
cred**erà**
cred**eremo**
cred**erete**
cred**eranno**

Futuro anteriore

avrò	creduto
avrai	creduto
avrà	creduto
avremo	creduto
avrete	creduto
avranno	creduto

Congiuntivo

Presente

cred**a**
cred**a**
cred**a**
cred**iamo**
cred**iate**
crẹd**ano**

Imperfetto

cred**essi**
cred**essi**
cred**esse**
cred**ẹssimo**
cred**este**
cred**ẹssero**

Passato

abbia	creduto
abbia	creduto
abbia	creduto
abbiamo	creduto
abbiate	creduto
ạbbiano	creduto

Trapassato

avessi	creduto
avessi	creduto
avesse	creduto
avẹssimo	creduto
aveste	creduto
avẹssero	creduto

Condizionale

Presente

cred**erei**
cred**eresti**
cred**erebbe**
cred**eremmo**
cred**ereste**
cred**erẹbbero**

Passato

avrei	creduto
avresti	creduto
avrebbe	creduto
avremmo	creduto
avreste	creduto
avrẹbbero	creduto

Imperativo

—	
(tu)	cred**i**
(Lei)	cred**a**
(noi)	cred**iamo**
(voi)	cred**ete**
(loro)	crẹd**ano**

Gerundio

Presente

cred**endo**

Passato

avendo creduto

Infinito

Passato

avere creduto

Participio

Passato

cred**uto**

Beispiele und Wendungen

Raffaella non crede a Mario.
Raffaella glaubt Mario nicht.

Il giudice non crede all'innocenza dell'accusato.
Der Richter glaubt nicht an die Unschuld des Angeklagten.

credere a qu / qc	*jdm. glauben / an etw. glauben*
credere in qu / qc	*an jdn. / etw. glauben*
credersi	*sich halten für*
credo di sì / no	*ich glaube ja / nein*

Weitere Verben

cedere - precedere - vendere

cedere a qc	*etw. nachgeben*
precedere qu	*jdm. vorangehen / zuvorkommen*
vendere qc a qu	*jdm. etw. verkaufen*

Besonderheiten

Es handelt sich bei diesen Verben um regelmäßige Verben, die zwei mögliche Endungen im Passato remoto haben (cred**ei** ↔ cred**etti**). Die regelmäßigen Endungen sind in der Konjugationstabelle fett hervorgehoben.

Nach credere che steht der Konjunktiv:
Credo che Peter sia tedesco. *Ich glaube, dass Peter Deutscher ist.*

Tipp

Lernen Sie credere immer mit Präposition, z. B. credere **a** Paolo (*Paulo glauben*), credere **in** Dio (*an Gott glauben*) etc.

17 bere

trinken

Indicativo

Presente	Passato prossimo
bevo	ho bevuto
bevi	hai bevuto
beve	ha bevuto
beviamo	abbiamo bevuto
bevete	avete bevuto
bevono	hanno bevuto

Imperfetto	Trapassato prossimo
bevevo	avevo bevuto
bevevi	avevi bevuto
beveva	aveva bevuto
bevevamo	avevamo bevuto
bevevate	avevate bevuto
bevevano	avevano bevuto

Passato remoto	Trapassato remoto
bevvi	ebbi bevuto
bevesti	avesti bevuto
bevve	ebbe bevuto
bevemmo	avemmo bevuto
beveste	aveste bevuto
bevvero	ebbero bevuto

Futuro semplice	Futuro anteriore
berrò	avrò bevuto
berrai	avrai bevuto
berrà	avrà bevuto
berremo	avremo bevuto
berrete	avrete bevuto
berranno	avranno bevuto

Congiuntivo

Presente	Imperfetto	Passato	Trapassato
beva	bevessi	abbia bevuto	avessi bevuto
beva	bevessi	abbia bevuto	avessi bevuto
beva	bevesse	abbia bevuto	avesse bevuto
beviamo	bevessimo	abbiamo bevuto	avessimo bevuto
beviate	beveste	abbiate bevuto	aveste bevuto
bevano	bevessero	abbiano bevuto	avessero bevuto

Condizionale

Presente	Passato
berrei	avrei bevuto
berresti	avresti bevuto
berrebbe	avrebbe bevuto
berremmo	avremmo bevuto
berreste	avreste bevuto
berrebbero	avrebbero bevuto

Imperativo

—	
(tu)	bevi
(Lei)	beva
(noi)	beviamo
(voi)	bevete
(loro)	bevano

Gerundio

Presente	Passato
bevendo	avendo bevuto

Infinito

Passato

avere bevuto

Participio

Passato

bevuto

Beispiele und Wendungen

Dopo l'allenamento Flavio beve almeno un litro d'acqua.
Nach dem Training trinkt Flavio mindestens einen Liter Wasser.

Che cosa hai bevuto alla festa di Sergio?
Was hast du denn auf der Party von Sergio getrunken?

dare da bere	*zu Trinken geben*
offrire qc da bere	*einen ausgeben*
bersi qc (una storia) *fig.*	*sich (eine Geschichte) aufbinden lassen*
La macchina beve molto.	*Das Auto verbraucht viel.*

Besonderheiten

Das Verb bere stammt aus der veralteten Form bevere*. Die Endung -ere von bere ist vor allem in der Konjugation des Futurs und Konditional Präsens erkennbar, in allen anderen Zeiten und Modi ist das -v- von bevere enthalten.
* Vgl. condurre, dire, fare, porre, trarre

Beachten Sie: Der Stamm der verkürzten Form bere erhält bei der Bildung des Futurs und Konditional Präsens -rr-: be**rr**ò, be**rr**ei etc.

Tipp

Lernen Sie das Präsens und Imperfekt, indem Sie die veraltete Form bevere zu Hilfe nehmen. Konjugieren Sie so, als ob es sich um ein gewöhnliches Verb auf -ere handeln würde (vgl. bev**o**, bev**evo** etc.).

Dasselbe gilt übrigens auch für das Gerundium (bev**endo**) und das Partizip Perfekt (bev**uto**).

18 cadere

-d- wird zu -dd-

fallen

Indicativo

Presente	Passato prossimo	
cado	sono	caduto
cadi	sei	caduto
cade	è	caduto
cadiamo	siamo	caduti
cadete	siete	caduti
cadono	sono	caduti

Imperfetto	Trapassato prossimo	
cadevo	ero	caduto
cadevi	eri	caduto
cadeva	era	caduto
cadevamo	eravamo	caduti
cadevate	eravate	caduti
cadevano	erano	caduti

Passato remoto	Trapassato remoto	
caddi	fui	caduto
cadesti	fosti	caduto
cadde	fu	caduto
cademmo	fummo	caduti
cadeste	foste	caduti
caddero	furono	caduti

Futuro semplice	Futuro anteriore	
cadrò	sarò	caduto
cadrai	sarai	caduto
cadrà	sarà	caduto
cadremo	saremo	caduti
cadrete	sarete	caduti
cadranno	saranno	caduti

Congiuntivo

Presente	Imperfetto
cada	cadessi
cada	cadessi
cada	cadesse
cadiamo	cadessimo
cadiate	cadeste
cadano	cadessero

Passato		Trapassato	
sia	caduto	fossi	caduto
sia	caduto	fossi	caduto
sia	caduto	fosse	caduto
siamo	caduti	fossimo	caduti
siate	caduti	foste	caduti
siano	caduti	fossero	caduti

Condizionale

Presente	Passato	
cadrei	sarei	caduto
cadresti	saresti	caduto
cadrebbe	sarebbe	caduto
cadremmo	saremmo	caduti
cadreste	sareste	caduti
cadrebbero	sarebbero	caduti

Imperativo

—	
(tu)	cadi
(Lei)	cada
(noi)	cadiamo
(voi)	cadete
(loro)	cadano

Gerundio

Presente	Passato
cadendo	essendo caduto

Infinito

Passato

essere caduto

Participio

Passato

caduto

cadere

fallen

Beispiele und Wendungen

Stai attento a non cadere!
Pass auf, dass du nicht hinfällst!

Il ragazzo è caduto dalla bicicletta.
Der Junge ist vom Fahrrad gefallen.

cadere per terra	*auf den Boden fallen*
cadere in una trappola	*in eine Falle tappen*
È caduta la linea.	*Die Leitung ist unterbrochen worden.*

Weitere Verben

accadere – decadere – ricadere – scadere

mi accade spesso	*das passiert mir oft*
il passaporto è scaduto	*der Reisepass ist abgelaufen*

Besonderheiten

In der 1. und 3. Person Singular und Plural des Passato remoto wird -d- zu -dd- (ca**dd**i, ca**dd**e, ca**dd**ero). Im Futur und Konditional Präsens ist der Verbstamm verkürzt (vgl. cadrò ↔ cred**e**rò, cadrei ↔ cred**e**rei).

Tipp

Die Formen mit -dd- werden auf dem vorangehenden Vokal betont: cạddi, cạdde, cạddero.

Bilden Sie das Passato prossimo dem Deutschen entsprechend mit essere *sein*:

sono caduto / a	*ich bin gefallen*

19 chiẹdere

fragen

Indicativo

Presente

chiedo
chiedi
chiede
chiediamo
chiedete
chiẹdono

Passato prossimo

ho	chiesto
hai	chiesto
ha	chiesto
abbiamo	chiesto
avete	chiesto
hanno	chiesto

Imperfetto

chiedevo
chiedevi
chiedeva
chiedevamo
chiedevate
chiedẹvano

Trapassato prossimo

avevo	chiesto
avevi	chiesto
aveva	chiesto
avevamo	chiesto
avevate	chiesto
avẹvano	chiesto

Passato remoto

chiesi
chiedesti
chiese
chiedemmo
chiedeste
chiẹsero

Trapassato remoto

ebbi	chiesto
avesti	chiesto
ebbe	chiesto
avemmo	chiesto
aveste	chiesto
ẹbbero	chiesto

Futuro semplice

chiederò
chiederai
chiederà
chiederemo
chiederete
chiederanno

Futuro anteriore

avrò	chiesto
avrai	chiesto
avrà	chiesto
avremo	chiesto
avrete	chiesto
avranno	chiesto

Congiuntivo

Presente

chieda
chieda
chieda
chiediamo
chiediate
chiẹdano

Imperfetto

chiedessi
chiedessi
chiedesse
chiedẹssimo
chiedeste
chiedẹssero

Passato

abbia	chiesto
abbia	chiesto
abbia	chiesto
abbiamo	chiesto
abbiate	chiesto
ạbbiano	chiesto

Trapassato

avessi	chiesto
avessi	chiesto
avesse	chiesto
avẹssimo	chiesto
aveste	chiesto
avẹssero	chiesto

Condizionale

Presente

chiederei
chiederesti
chiederebbe
chiederemmo
chiedereste
chiederẹbbero

Passato

avrei	chiesto
avresti	chiesto
avrebbe	chiesto
avremmo	chiesto
avreste	chiesto
avrẹbbero	chiesto

Imperativo

—	
(tu)	chiedi
(Lei)	chieda
(noi)	chiediamo
(voi)	chiedete
(loro)	chiẹdano

Gerundio

Presente

chiedendo

Passato

avendo chiesto

Infinito

Passato

avere chiesto

Participio

Passato

chiesto

Beispiele und Wendungen

Chiedo a Marianna se viene anche lei.
Ich frage Marianna, ob sie auch kommt.

Il rapitore chiede un milione di euro alla polizia.
Der Entführer verlangt eine Million Euro von der Polizei.

chiedere a qu	*jdn. fragen*
chieder qc (a qu)	*etw. (von jdm.) verlangen, jdn. um etw. bitten*
chiedere di qu	*nach jdm. fragen*

Weitere Verben

richiedere

richiedere qc	*etw. verlangen, erfordern*

Una partita a scacchi richiede molto tempo.
Eine Partie Schach erfordert viel Zeit.

Besonderheiten

Im Passato remoto gibt es drei unregelmäßige Formen: chiesi, chiese und chiesero.

Tipp

Lernen Sie chiedere immer mit der passenden Präposition, z. B. chiedere **di** Maria (*nach Maria fragen*). Bilden Sie im Passato remoto Beispielsätze zu jeder Person, damit Sie sich die Formen besser merken:

Chiesi un favore ad un amico.	*Ich bat einen Freund um einen Gefallen.*

20 chiudere

schließen

Indicativo

Presente
chiudo
chiudi
chiude
chiudiamo
chiudete
chiudono

Imperfetto
chiudevo
chiudevi
chiudeva
chiudevamo
chiudevate
chiudevano

Passato remoto
chiusi
chiudesti
chiuse
chiudemmo
chiudeste
chiusero

Futuro semplice
chiuderò
chiuderai
chiuderà
chiuderemo
chiuderete
chiuderanno

Passato prossimo
ho chiuso
hai chiuso
ha chiuso
abbiamo chiuso
avete chiuso
hanno chiuso

Trapassato prossimo
avevo chiuso
avevi chiuso
aveva chiuso
avevamo chiuso
avevate chiuso
avevano chiuso

Trapassato remoto
ebbi chiuso
avesti chiuso
ebbe chiuso
avemmo chiuso
aveste chiuso
ebbero chiuso

Futuro anteriore
avrò chiuso
avrai chiuso
avrà chiuso
avremo chiuso
avrete chiuso
avranno chiuso

Congiuntivo

Presente
chiuda
chiuda
chiuda
chiudiamo
chiudiate
chiudano

Imperfetto
chiudessi
chiudessi
chiudesse
chiudessimo
chiudeste
chiudessero

Passato
abbia chiuso
abbia chiuso
abbia chiuso
abbiamo chiuso
abbiate chiuso
abbiano chiuso

Trapassato
avessi chiuso
avessi chiuso
avesse chiuso
avessimo chiuso
aveste chiuso
avessero chiuso

Condizionale

Presente
chiuderei
chiuderesti
chiuderebbe
chiuderemmo
chiudereste
chiuderebbero

Passato
avrei chiuso
avresti chiuso
avrebbe chiuso
avremmo chiuso
avreste chiuso
avrebbero chiuso

Imperativo

—
(tu) chiudi
(Lei) chiuda
(noi) chiudiamo
(voi) chiudete
(loro) chiudano

Gerundio

Presente
chiudendo

Passato
avendo chiuso

Infinito

Passato
avere chiuso

Participio

Passato
chiuso

Beispiele und Wendungen

Chiudi la porta, per favore!
Mach bitte die Tür zu!

chiudere il file	*die Datei schließen*
chiudere la radio	*das Radio abstellen*
chiudersi dentro / fuori	*sich einsperren / aussperren*
chiudere con qn	*mit jmd. abschließen / fertig sein*
chiudere la discussione	*die Diskussion beenden*

Weitere Verben

alludere - concludere - deludere - illudere - rinchiudere

alludere a qc	*auf etw. anspielen*
per concludere	*abschließend*
deludere qn	*jmd. enttäuschen*
illudersi	*sich etw. vormachen*
rinchiudersi in una stanza	*sich in ein Zimmer einschließen*

Besonderheiten

Im Passato remoto gibt es drei unregelmäßige Formen: chiusi, chiuse und chiusero.

Tipp

Lernen Sie chiudere zusammen mit chiedere, da sich beide sehr ähnlich sind.

cogliere

pflücken

-gli- + -i- bleibt -gli- / -gli- wird zu -lg-, -ls-

Indicativo

Presente	Passato prossimo	
colgo	ho	colto
cogli	hai	colto
coglie	ha	colto
cogliamo	abbiamo	colto
cogliete	avete	colto
colgono	hanno	colto

Imperfetto	Trapassato prossimo	
coglievo	avevo	colto
coglievi	avevi	colto
coglieva	aveva	colto
coglievamo	avevamo	colto
coglievate	avevate	colto
coglievano	avevano	colto

Passato remoto	Trapassato remoto	
colsi	ebbi	colto
cogliesti	avesti	colto
colse	ebbe	colto
cogliemmo	avemmo	colto
coglieste	aveste	colto
colsero	ebbero	colto

Futuro semplice	Futuro anteriore	
coglierò	avrò	colto
coglierai	avrai	colto
coglierà	avrà	colto
coglieremo	avremo	colto
coglierete	avrete	colto
coglieranno	avranno	colto

Congiuntivo

Presente	Imperfetto
colga	cogliessi
colga	cogliessi
colga	cogliesse
cogliamo	cogliessimo
cogliate	coglieste
colgano	cogliessero

Passato		Trapassato	
abbia	colto	avessi	colto
abbia	colto	avessi	colto
abbia	colto	avesse	colto
abbiamo	colto	avessimo	colto
abbiate	colto	aveste	colto
abbiano	colto	avessero	colto

Condizionale

Presente	Passato	
coglierei	avrei	colto
coglieresti	avresti	colto
coglierebbe	avrebbe	colto
coglieremmo	avremmo	colto
cogliereste	avreste	colto
coglierebbero	avrebbero	colto

Imperativo

—	
(tu)	cogli
(Lei)	colga
(noi)	cogliamo
(voi)	cogliete
(loro)	colgano

Gerundio

Presente	Passato
cogliendo	avendo colto

Infinito

Passato

avere colto

Participio

Passato

colto

Beispiele und Wendungen

Fabrizio coglie una mela.
Fabrizio pflückt einen Apfel.

cogliere l'occasione	*die Gelegenheit wahrnehmen / nutzen*
cogliere qu in flagrante	*jdn. in flagranti erwischen*

Weitere Verben

accogliere - raccogliere - togliere - sciogliere

accogliere qu	*jdn. aufnehmen / empfangen*
raccogliere qc	*etw. aufheben / (auf)sammeln*
sciogliere i muscoli	*die Muskeln lockern*
togliere qc da qu	*jdm. etw. wegnehmen*

Il dentista mi deve togliere un dente.
Der Zahnarzt muss mir einen Zahn ziehen.

Besonderheiten

Folgendes ist bei den Verben auf -gliere zu beachten:
-gli- + -i- wird -gli- (co**gli**, co**gli**amo)
-gli- wird -lg- (co**lg**o, co**lg**ono)
-gli- wird -ls- (co**ls**i, co**ls**e, co**ls**ero)

Tipp

Für Italienischlerner stellt die Aussprache von -gli-* häufig ein Problem dar. Vergleichen Sie diesen Laut mit -lj- in dem Wort *Kabeljau*.
* Vgl. tagliare, scegliere

22 compiere

vollenden

-i- + -i- wird -i- / -i- + -e- wird -i-

(Ausnahme: comp**ie**, comp**ie**ndo)

Indicativo

Presente

compio
compi
compie
compiamo
compite
compiono

Passato prossimo

ho	compiuto
hai	compiuto
ha	compiuto
abbiamo	compiuto
avete	compiuto
hanno	compiuto

Imperfetto

compivo
compivi
compiva
compivamo
compivate
compivano

Trapassato prossimo

avevo	compiuto
avevi	compiuto
aveva	compiuto
avevamo	compiuto
avevate	compiuto
avevano	compiuto

Passato remoto

compii
compisti
compì
compimmo
compiste
compirono

Trapassato remoto

ebbi	compiuto
avesti	compiuto
ebbe	compiuto
avemmo	compiuto
aveste	compiuto
ebbero	compiuto

Futuro semplice

compirò
compirai
compirà
compiremo
compirete
compiranno

Futuro anteriore

avrò	compiuto
avrai	compiuto
avrà	compiuto
avremo	compiuto
avrete	compiuto
avranno	compiuto

Congiuntivo

Presente

compia
compia
compia
compiamo
compiate
compiano

Imperfetto

compissi
compissi
compisse
compissimo
compiste
compissero

Passato

abbia	compiuto
abbia	compiuto
abbia	compiuto
abbiamo	compiuto
abbiate	compiuto
abbiano	compiuto

Trapassato

avessi	compiuto
avessi	compiuto
avesse	compiuto
avessimo	compiuto
aveste	compiuto
avessero	compiuto

Condizionale

Presente

compirei
compiresti
compirebbe
compiremmo
compireste
compirebbero

Passato

avrei	compiuto
avresti	compiuto
avrebbe	compiuto
avremmo	compiuto
avreste	compiuto
avrebbero	compiuto

Imperativo

—	
(tu)	compi
(Lei)	compia
(noi)	compiamo
(voi)	compite
(loro)	compiano

Gerundio

Presente

compiendo

Passato

avendo compiuto

Infinito

Passato

avere compiuto

Participio

Passato

compiuto

Beispiele und Wendungen

Il figlio di Marco compie 12 anni.
Der Sohn von Marco wird 12 Jahre alt.

Ho compiuto il mio dovere.
Ich habe meine Pflicht erfüllt.

compiere ... anni	*... Jahre alt werden*
compiere gli anni	*Geburtstag haben*
compiere qc	*etw. vollenden, erfüllen*

Weitere Verben

adempiere

adempiersi	*sich erfüllen, in Erfüllung gehen*

Le previsioni di ieri si adempiono.
Die Wettervorhersage von gestern erfüllt sich.

Besonderheiten

Bitte beachten Sie:
-i- + -i- wird -i- (z. B. comp**i**, comp**i**amo, comp**i**te)
-i- + -e- wird -i- (z. B. comp**i**rò, comp**i**rei), Ausnahme: comp**ie**, comp**ie**ndo

Tipp

Die Kombination -ie- kommt nur bei compie und compiendo vor. Prägen Sie sich daher beide Formen gut ein. Merken Sie sich auch die 1. Person Singular des Passato remoto (comp**ii**).

23 condurre

führen

Indicativo

Presente

condụco
conduci
conduce
conduciamo
conducete
condụcono

Passato prossimo

ho	condotto
hai	condotto
ha	condotto
abbiamo	condotto
avete	condotto
hanno	condotto

Imperfetto

conducevo
conducevi
conduceva
conducevamo
conducevate
conducẹvano

Trapassato prossimo

avevo	condotto
avevi	condotto
aveva	condotto
avevamo	condotto
avevate	condotto
avẹvano	condotto

Passato remoto

condussi
conducesti
condusse
conducemmo
conduceste
condụssero

Trapassato remoto

ebbi	condotto
avesti	condotto
ebbe	condotto
avemmo	condotto
aveste	condotto
ẹbbero	condotto

Futuro semplice

condurrò
condurrai
condurrà
condurremo
condurrete
condurranno

Futuro anteriore

avrò	condotto
avrai	condotto
avrà	condotto
avremo	condotto
avrete	condotto
avranno	condotto

Congiuntivo

Presente

conduca
conduca
conduca
conduciamo
conduciate
condụcano

Imperfetto

conducessi
conducessi
conducesse
conducẹssimo
conduceste
conducẹssero

Passato

abbia	condotto
abbia	condotto
abbia	condotto
abbiamo	condotto
abbiate	condotto
ạbbiano	condotto

Trapassato

avessi	condotto
avessi	condotto
avesse	condotto
avẹssimo	condotto
aveste	condotto
avẹssero	condotto

Condizionale

Presente

condurrei
condurresti
condurrebbe
condurremmo
condurreste
condurrẹbbero

Passato

avrei	condotto
avresti	condotto
avrebbe	condotto
avremmo	condotto
avreste	condotto
avrẹbbero	condotto

Imperativo

—	
(tu)	conduci
(Lei)	conduca
(noi)	conduciamo
(voi)	conducete
(loro)	condụcano

Gerundio

Presente

conducendo

Passato

avendo condotto

Infinito

Passato

avere condotto

Participio

Passato

condotto

condurre

führen

Beispiele und Wendungen

Il direttore mi conduce nell'ufficio.
Der Direktor führt mich ins Büro.

condurre qu	*jdn. bringen / führen*
condurre una trasmissione	*eine Sendung moderieren*

Weitere Verben

introdurre - produrre - ridurre - sedurre - tradurre

introdurre qc / qu	*etw. / jdn. einführen*
produrre qc	*etw. produzieren, erzeugen*
ridurre i prezzi	*die Preise senken*
sedurre qu	*jdn. verführen*
tradurre un romanzo	*einen Roman übersetzen*

Besonderheiten

Das Verb condurre stammt aus der veralteten Form conducere*. Die Endung -urre von condurre ist vor allem in der Konjugation des Futurs und Konditional Präsens erkennbar, in allen anderen Zeiten und Modi ist das -c- von conducere noch erkennbar.
* Vgl. bere, dire, fare, porre, trarre

Tipp

Lernen Sie die Formen des Präsens und Imperfekts, indem Sie die veraltete Form conducere zu Hilfe nehmen. Konjugieren Sie so, als ob es sich um ein gewöhnliches Verb auf -ere handeln würde (vgl. conduc**o**, conduc**evo** etc.).

24 cuọcere

kochen, backen

-uo- wird -o- / -c- wird -ci- vor Endungen auf -a und -o

Indicativo

Presente

cuocio
cuoci
cuoce
c(u)ociamo
c(u)ocete
cuọciono

Passato prossimo

ho	cotto
hai	cotto
ha	cotto
abbiamo	cotto
avete	cotto
hanno	cotto

Imperfetto

c(u)ocevo
c(u)ocevi
c(u)oceva
c(u)ocevamo
c(u)ocevate
c(u)ocẹvano

Trapassato prossimo

avevo	cotto
avevi	cotto
aveva	cotto
avevamo	cotto
avevate	cotto
avẹvano	cotto

Passato remoto

cossi
c(u)ocesti
cosse
c(u)ocemmo
c(u)oceste
cọssero

Trapassato remoto

ebbi	cotto
avesti	cotto
ebbe	cotto
avemmo	cotto
aveste	cotto
ẹbbero	cotto

Futuro semplice

c(u)ocerò
c(u)ocerai
c(u)ocerà
c(u)oceremo
c(u)ocerete
c(u)oceranno

Futuro anteriore

avrò	cotto
avrai	cotto
avrà	cotto
avremo	cotto
avrete	cotto
avranno	cotto

Congiuntivo

Presente

cuocia
cuocia
cuocia
c(u)ociamo
c(u)ociate
cuọciano

Imperfetto

c(u)ocessi
c(u)ocessi
c(u)ocesse
c(u)ocẹssimo
c(u)oceste
c(u)ocẹssero

Passato

abbia	cotto
abbia	cotto
abbia	cotto
abbiamo	cotto
abbiate	cotto
ạbbiano	cotto

Trapassato

avessi	cotto
avessi	cotto
avesse	cotto
avẹssimo	cotto
aveste	cotto
avẹssero	cotto

Condizionale

Presente

c(u)ocerei
c(u)oceresti
c(u)ocerebbe
c(u)oceremmo
c(u)ocereste
c(u)ocerebbero

Passato

avrei	cotto
avresti	cotto
avrebbe	cotto
avremmo	cotto
avreste	cotto
avrẹbbero	cotto

Imperativo

—	
(tu)	cuoci
(Lei)	cuocia
(noi)	c(u)ociamo
(voi)	c(u)ocete
(loro)	cuọciano

Gerundio

Presente

c(u)ocendo

Passato

avendo cotto

Infinito

Passato

avere cotto

Participio

Passato

cotto

Beispiele und Wendungen

Il brodo deve cuocere un'ora e mezza.
Die Brühe muss eineinhalb Stunden kochen.

cuocere qc nell'acqua	*etw. kochen, sieden*
cuocere qc in forno	*etw. backen*
cuocere qc a fuoco lento / vivo	etw. bei kleiner / großer Flamme kochen

Weitere Verben

scuocere

far scuocere la pasta	*die Nudeln verkochen lassen*

Besonderheiten

Bei diesen Verben auf -cere wird vor -a und -o ein -i- eingefügt, um eine einheitliche Aussprache beizubehalten (z. B. cuocio, cuocia). Der Laut ist somit bei allen Formen der gleiche wie in **ci**ao.

Tipp

Bitte beachten Sie, dass es im Italienischen mehrere Möglichkeiten gibt, um *kochen* auszudrücken. Cuocere bedeutet *kochen* im Sinne von *kochen lassen, garen*. Um die Tätigkeit an sich, also das Zubereiten einer Mahlzeit auszudrücken, benutzt man cucinare:

Francesco cucina molto bene.	*Francesco kocht sehr gut.*

Das *Kochen* bzw. *Sieden* von Wasser wird mit bollire / far bollire wiedergegeben:

Faccio bollire l'acqua.	*Ich bringe das Wasser zum Kochen.*

dire

sagen

Indicativo

Presente	Passato prossimo	Imperfetto	Trapassato prossimo	Passato remoto	Trapassato remoto	Futuro semplice	Futuro anteriore
dico	ho detto	dicevo	avevo detto	dissi	ebbi detto	dirò	avrò detto
dici	hai detto	dicevi	avevi detto	dicesti	avesti detto	dirai	avrai detto
dice	ha detto	diceva	aveva detto	disse	ebbe detto	dirà	avrà detto
diciamo	abbiamo detto	dicevamo	avevamo detto	dicemmo	avemmo detto	diremo	avremo detto
dite	avete detto	dicevate	avevate detto	diceste	aveste detto	direte	avrete detto
dicono	hanno detto	dicevano	avevano detto	dissero	ebbero detto	diranno	avranno detto

Congiuntivo

Presente	Imperfetto	Passato	Trapassato
dica	dicessi	abbia detto	avessi detto
dica	dicessi	abbia detto	avessi detto
dica	dicesse	abbia detto	avesse detto
diciamo	dicessimo	abbiamo detto	avessimo detto
diciate	diceste	abbiate detto	aveste detto
dicano	dicessero	abbiano detto	avessero detto

Condizionale

Presente	Passato
direi	avrei detto
diresti	avresti detto
direbbe	avrebbe detto
diremmo	avremmo detto
direste	avreste detto
direbbero	avrebbero detto

Imperativo

—	
(tu)	di'
(Lei)	dica
(noi)	diciamo
(voi)	dite
(loro)	dicano

Gerundio

Presente	Passato
dicendo	avendo detto

Infinito

Passato

avere detto

Participio

Passato

detto

Beispiele und Wendungen

Giorgio dice quasi sempre la verità.
Giorgio sagt fast immer die Wahrheit.

Ti ho detto di andare a casa!
Ich habe dir doch gesagt, dass du nach Hause gehen sollst!

Come si dice ...?	*Wie sagt man ...? / Was heißt...?*
dire di sì / no	*Ja / Nein sagen*
Come sarebbe a dire?	*Was soll das heißen?*
Dico sul serio!	*Das meine ich im Ernst!*

Weitere Verben

benedire - contraddire - disdire - interdire - maledire

Dio ti benedica!	*Gott segne dich!*
disdire un appuntamento	*einen Termin absagen*

Besonderheiten

Das Verb dire stammt aus der veralteten Form dicere*. Die Endung -ire von dire ist vor allem in der Konjugation des Futurs und Konditional Präsens erkennbar, in allen anderen Zeiten und Modi ist das -c- von dicere noch erkennbar.

* Vgl. bere, condurre, fare, porre, trarre

Tipp

Lernen Sie die Formen des Präsens und Imperfekts, indem Sie die veraltete Form dicere zu Hilfe nehmen (vgl. dic**o**, dic**evo** etc.). Achten Sie jedoch auf die 2. Pers. Pl. im Präsens, sie ist eine Ausnahme und wird von dire abgeleitet.

26 dolere

wehtun

Indicativo

Presente	Passato prossimo	
dolgo	ho	doluto
duoli	hai	doluto
duole	ha	doluto
doliamo/dogliamo	abbiamo	doluto
dolete	avete	doluto
dolgono	hanno	doluto

Imperfetto	Trapassato prossimo	
dolevo	avevo	doluto
dolevi	avevi	doluto
doleva	aveva	doluto
dolevamo	avevamo	doluto
dolevate	avevate	doluto
dolevano	avevano	doluto

Passato remoto	Trapassato remoto	
dolsi	ebbi	doluto
dolesti	avesti	doluto
dolse	ebbe	doluto
dolemmo	avemmo	doluto
doleste	aveste	doluto
dolsero	ebbero	doluto

Futuro semplice	Futuro anteriore	
dorrò	avrò	doluto
dorrai	avrai	doluto
dorrà	avrà	doluto
dorremo	avremo	doluto
dorrete	avrete	doluto
dorranno	avranno	doluto

Congiuntivo

Presente

dolga
dolga
dolga
doliamo/dogliamo
doliate/dogliate
dolgano

Imperfetto

dolessi
dolessi
dolesse
dolessimo
doleste
dolessero

Passato	
abbia	doluto
abbia	doluto
abbia	doluto
abbiamo	doluto
abbiate	doluto
abbiano	doluto

Trapassato	
avessi	doluto
avessi	doluto
avesse	doluto
avessimo	doluto
aveste	doluto
avessero	doluto

Condizionale

Presente

dorrei
dorresti
dorrebbe
dorremmo
dorreste
dorrebbero

Passato	
avrei	doluto
avresti	doluto
avrebbe	doluto
avremmo	doluto
avreste	doluto
avrebbero	doluto

Imperativo

—	
(tu)	duoli
(Lei)	dolga
(noi)	doliamo/ dogliamo
(voi)	dolete
(loro)	dolgano

Gerundio

Presente	Passato
dolendo	avendo doluto

Infinito

Passato

avere doluto

Participio

Passato

doluto

Beispiele und Wendungen

Vado dal dentista perché mi dolgono i denti.
Ich gehe zum Zahnarzt, weil ich Zahnschmerzen habe.

dolere a qu — *wehtun / schmerzen, bedauern*

Weitere Verben

dolersi - condolersi

dolersi di qc — *sich über etw. beklagen, beschweren*
condolersi con qn — *jdm. sein Beileid ausdrücken*

Mi duole di non poter venire.
Ich bedaure es, dass ich nicht kommen kann.

Besonderheiten

Das Verb weist einige Besonderheiten auf.

Zum einen ist -uo- in der 2. und 3. Person Präsens Indikativ zu beachten (d**uo**li, d**uo**le).

Im Futur und Konditional Präsens finden Sie nicht den Wortstamm des Infinitivs vor, sondern dorr- (z. B. **dorr**ò, **dorr**ei etc.).

Außerdem sind auch die Doppelformen doliamo / dogliamo und doliate / dogliate erwähnenswert, wobei doliamo und doliate die bevorzugte Variante ist.

Die zusammengesetzten Zeiten werden auch mit essere gebildet.

Tipp

Das Verb wird häufig in der 3. Person Singular oder Plural verwendet. Prägen Sie sich daher die entsprechenden Formen gut ein.

Ein kleiner Hinweis: In dem Verb dolere steckt das Wort dolore *Schmerz*.

27 dovere

müssen, sollen

Indicativo

Presente	Passato prossimo		Imperfetto	Trapassato prossimo	
devo	ho	dovuto	dovevo	avevo	dovuto
devi	hai	dovuto	dovevi	avevi	dovuto
deve	ha	dovuto	doveva	aveva	dovuto
dobbiamo	abbiamo	dovuto	dovevamo	avevamo	dovuto
dovete	avete	dovuto	dovevate	avevate	dovuto
devono	hanno	dovuto	dovevano	avevano	dovuto

Passato remoto	Trapassato remoto		Futuro semplice	Futuro anteriore	
dovetti	ebbi	dovuto	dovrò	avrò	dovuto
dovesti	avesti	dovuto	dovrai	avrai	dovuto
dovette	ebbe	dovuto	dovrà	avrà	dovuto
dovemmo	avemmo	dovuto	dovremo	avremo	dovuto
doveste	aveste	dovuto	dovrete	avrete	dovuto
dovettero	ebbero	dovuto	dovranno	avranno	dovuto

Congiuntivo

Presente	Imperfetto	Passato		Trapassato	
debba	dovessi	abbia	dovuto	avessi	dovuto
debba	dovessi	abbia	dovuto	avessi	dovuto
debba	dovesse	abbia	dovuto	avesse	dovuto
dobbiamo	dovessimo	abbiamo	dovuto	avessimo	dovuto
dobbiate	doveste	abbiate	dovuto	aveste	dovuto
debbano	dovessero	abbiano	dovuto	avessero	dovuto

Condizionale

Presente	Passato	
dovrei	avrei	dovuto
dovresti	avresti	dovuto
dovrebbe	avrebbe	dovuto
dovremmo	avremmo	dovuto
dovreste	avreste	dovuto
dovrebbero	avrebbero	dovuto

Imperativo

—
—
—
—
—
—

Gerundio

Presente	Passato
dovendo	avendo dovuto

Infinito

Passato

avere dovuto

Participio

Passato

dovuto

Beispiele und Wendungen

È già tardi. Devo andare a casa.
Es ist schon spät. Ich muss nach Hause gehen.

Gianni mi deve ancora dieci euro.
Gianni schuldet mir noch zehn Euro.

dover fare qc	*etw. tun müssen*
non dover fare qc	*etw. nicht zu tun brauchen / nicht tun müssen*
come si deve	*wie es sich gehört*
dovere qc a qu	*jdm. etw. schulden*
Quanto ti devo?	*Wie viel schulde ich dir?*

Besonderheiten

Im Futur und Konditional Präsens ist der Verbstamm verkürzt (vgl. dovrò ↔ chiud**e**rò, dovrei ↔ chied**e**rei).
Die zusammengesetzen Zeiten von dovere werden in der Regel mit dem Hilfsverb avere gebildet. Folgt dem Verb allerdings noch ein Infinitiv, so verlangt dovere dasselbe Hilfsverb wie der nachfolgende Infintiv.
(Vgl. potere, volere)

Ho dovuto prendere una decisione.	*Ich musste eine Entscheidung treffen.*
Non sono dovuto venire.	*Ich musste nicht kommen.*

Tipp

Dovere gehört neben potere, volere und sapere zu den Modalverben. Diese werden im Italienischen sehr häufig verwendet. Lernen Sie deren Bedeutung und Konjugation daher sehr sorgfältig.

Merken Sie sich: dovere ist auch ein Substantiv mit der Bedeutung *Pflicht*:
Alberto fa il suo dovere. — *Alberto tut seine Pflicht.*

fare

machen, tun

Indicativo

Presente	Passato prossimo	
faccio	ho	fatto
fai	hai	fatto
fa	ha	fatto
facciamo	abbiamo	fatto
fate	avete	fatto
fanno	hanno	fatto

Imperfetto	Trapassato prossimo	
facevo	avevo	fatto
facevi	avevi	fatto
faceva	aveva	fatto
facevamo	avevamo	fatto
facevate	avevate	fatto
facevano	avevano	fatto

Passato remoto	Trapassato remoto	
feci	ebbi	fatto
facesti	avesti	fatto
fece	ebbe	fatto
facemmo	avemmo	fatto
faceste	aveste	fatto
fecero	ebbero	fatto

Futuro semplice	Futuro anteriore	
farò	avrò	fatto
farai	avrai	fatto
farà	avrà	fatto
faremo	avremo	fatto
farete	avrete	fatto
faranno	avranno	fatto

Congiuntivo

Presente	Imperfetto
faccia	facessi
faccia	facessi
faccia	facesse
facciamo	facessimo
facciate	faceste
facciano	facessero

Passato		Trapassato	
abbia	fatto	avessi	fatto
abbia	fatto	avessi	fatto
abbia	fatto	avesse	fatto
abbiamo	fatto	avessimo	fatto
abbiate	fatto	aveste	fatto
abbiano	fatto	avessero	fatto

Condizionale

Presente	Passato	
farei	avrei	fatto
faresti	avresti	fatto
farebbe	avrebbe	fatto
faremmo	avremmo	fatto
fareste	avreste	fatto
farebbero	avrebbero	fatto

Imperativo

—	
(tu)	fa'/fai
(Lei)	faccia
(noi)	facciamo
(voi)	fate
(loro)	facciano

Gerundio

Presente	Passato
facendo	avendo fatto

Infinito

Passato

avere fatto

Participio

Passato

fatto

Beispiele und Wendungen

Che cosa facciamo stasera?
Was machen wir heute Abend?

Giancarlo fa venire il medico.
Giancarlo lässt den Arzt kommen.

fare colazione	*frühstücken*
fa caldo / freddo	*es ist warm / kalt*
Quanto fa?	*Wie viel macht / kostet das?*

Weitere Verben

rifare - soddisfare - stupefare

rifare qc	*etw. neu machen / wiederholen*
soddisfare qu	*jdn. zufrieden stellen*
stupefare qu	*jdn. erstaunen*

Besonderheiten

Das Verb fare stammt aus der veralteten Form facere.* Die Endung von fare ist vor allem in der Konjugation des Futurs und Konditional Präsens erkennbar.
* Vgl. bere, condurre, dire, porre, trarre

Beachten Sie beim Imperativ die zwei möglichen Formen fa' / fai. Diese Doppelformen finden sich auch bei andare, dare und stare.

Tipp

Die oben genannten Wendungen mit fare sind nur eine kleine Auswahl. Ähnlich dem deutschen Wort *tun* handelt es sich bei fare um ein häufiges Wort, mit dessen Hilfe zahlreiche Ausdrücke gebildet werden können.

godere

genießen

-er- wird -r-

Indicativo

Presente		Passato prossimo	
godo		ho	goduto
godi		hai	goduto
gode		ha	goduto
godiamo		abbiamo	goduto
godete		avete	goduto
godono		hanno	goduto

Imperfetto		Trapassato prossimo	
godevo		avevo	goduto
godevi		avevi	goduto
godeva		aveva	goduto
godevamo		avevamo	goduto
godevate		avevate	goduto
godevano		avevano	goduto

Passato remoto		Trapassato remoto	
godei/-etti		ebbi	goduto
godesti		avesti	goduto
godé/-ette		ebbe	goduto
godemmo		avemmo	goduto
godeste		aveste	goduto
goderono/-ettero		ebbero	goduto

Futuro semplice		Futuro anteriore	
godrò		avrò	goduto
godrai		avrai	goduto
godrà		avrà	goduto
godremo		avremo	goduto
godrete		avrete	goduto
godranno		avranno	goduto

Congiuntivo

Presente	
goda	
goda	
goda	
godiamo	
godiate	
godano	

Imperfetto	
godessi	
godessi	
godesse	
godessimo	
godeste	
godessero	

Passato	
abbia	goduto
abbia	goduto
abbia	goduto
abbiamo	goduto
abbiate	goduto
abbiano	goduto

Trapassato	
avessi	goduto
avessi	goduto
avesse	goduto
avessimo	goduto
aveste	goduto
avessero	goduto

Condizionale

Presente	
godrei	
godresti	
godrebbe	
godremmo	
godreste	
godrebbero	

Passato	
avrei	goduto
avresti	goduto
avrebbe	goduto
avremmo	goduto
avreste	goduto
avrebbero	goduto

Imperativo

—	
(tu)	godi
(Lei)	goda
(noi)	godiamo
(voi)	godete
(loro)	godano

Gerundio

Presente	Passato
godendo	avendo goduto

Infinito

Passato

avere goduto

Participio

Passato

goduto

Beispiele und Wendungen

I turisti si godono il panorama di Napoli.
Die Touristen genießen das Panorama von Neapel.

La nonna di Fabrizio gode di ottima salute.
Die Großmutter von Fabrizio erfreut sich bester Gesundheit.

godere qc	*etw. genießen*
godersi qc	*etw. sehr genießen*
godere di buona salute	*sich guter Gesundheit erfreuen*
godersela	*es sich gut gehen lassen*

Weitere Verben

stragodere	
stragodere	*sich freuen wie ein Schneekönig*

Besonderheiten

Im Futur und Konditional Präsens ist der Verbstamm verkürzt (vgl. godrò ↔ chiud**e**rò, godrei ↔ chied**e**rei).

Die Vorsilbe stra- (stragodere) hat die Funktion eines Superlativs. Solche Verben sind jedoch überwiegend in der Jugendsprache zu finden und nicht im normalen Sprachgebrauch. Man findet diese Vorsilbe noch bei anderen Verben, wie z. B. strafogarsi *sich überfressen,* stravincere *haushoch gewinnen.*

Tipp

Merken Sie sich den Bedeutungsunterschied zwischen godere qc / godersi qc *etw. (sehr) genießen* und godere di qc *sich einer Sache erfreuen.*

30 **muovere**

bewegen

-uo- wird -o- / -uov- wird -oss-

Indicativo

Presente

muovo
muovi
muove
m(u)oviamo
m(u)ovete
muọvono

Imperfetto

m(u)ovevo
m(u)ovevi
m(u)oveva
m(u)ovevamo
m(u)ovevate
m(u)ovẹvano

Passato remoto

mossi
m(u)ovesti
mosse
m(u)ovemmo
m(u)oveste
mọssero

Futuro semplice

m(u)overò
m(u)overai
m(u)overà
m(u)overemo
m(u)overete
m(u)overanno

Passato prossimo

ho	mosso
hai	mosso
ha	mosso
abbiamo	mosso
avete	mosso
hanno	mosso

Trapassato prossimo

avevo	mosso
avevi	mosso
aveva	mosso
avevamo	mosso
avevate	mosso
avẹvano	mosso

Trapassato remoto

ebbi	mosso
avesti	mosso
ebbe	mosso
avemmo	mosso
aveste	mosso
ẹbbero	mosso

Futuro anteriore

avrò	mosso
avrai	mosso
avrà	mosso
avremo	mosso
avrete	mosso
avranno	mosso

Congiuntivo

Presente

muova
muova
muova
m(u)oviamo
m(u)oviate
muọvano

Imperfetto

m(u)ovessi
m(u)ovessi
m(u)ovesse
m(u)ovẹssimo
m(u)oveste
m(u)ovẹssero

Passato

abbia	mosso
abbia	mosso
abbia	mosso
abbiamo	mosso
abbiate	mosso
ạbbiano	mosso

Trapassato

avessi	mosso
avessi	mosso
avesse	mosso
avẹssimo	mosso
aveste	mosso
avẹssero	mosso

Condizionale

Presente

m(u)overei
m(u)overesti
m(u)overebbe
m(u)overemmo
m(u)overeste
m(u)overẹbbero

Passato

avrei	mosso
avresti	mosso
avrebbe	mosso
avremmo	mosso
avreste	mosso
avrẹbbero	mosso

Imperativo

—	
(tu)	muovi
(Lei)	muova
(noi)	m(u)oviamo
(voi)	m(u)ovete
(loro)	muọvano

Gerundio

Presente

m(u)ovendo

Passato

avendo mosso

Infinito

Passato

avere mosso

Participio

Passato

mosso

muovere

bewegen

Beispiele und Wendungen

Non riesco a muovere il braccio. Mi fa troppo male.
Ich kann meinen Arm nicht bewegen. Er tut so weh.

muovere qc	*etw. bewegen*
muoversi	*sich bewegen*
Dai, muoviti!	*Los, beeil dich!*

Weitere Verben

commuovere – promuovere

commuoversi	*gerührt sein*
promuovere (un alunno)	*(einen Schüler) versetzen*

Besonderheiten

-uo- wird -o-
-uov- wird -oss-
Die Formen mit -o- sind im Allgemeinen etwas verbreiteter als jene mit -uo-, sofern der Wortakzent nicht auf diese Silbe fällt.
Bitte beachten Sie die drei unregelmäßigen Formen mossi, mosse und mossero im Passato remoto.

Tipp

Lesen Sie die Formen laut vor und achten Sie auf die Betonungen, die in der Tabelle speziell gekennzeichnet sind. Fällt die Betonung auf -uo- (z. B. muọvono) so liegt der Akzent stets auf dem -o-.*

* Vgl. nuocere, morire, scuotere

nuọcere

schaden

-c- wird -cci- vor -a und -o / -uoc- wird -ocqu-

Indicativo

Presente

n(u)occio
nuoci
nuoce
n(u)ociamo
n(u)ocete
n(u)ọccioono

Passato prossimo

ho	n(u)ociuto
hai	n(u)ociuto
ha	n(u)ociuto
abbiamo	n(u)ociuto
avete	n(u)ociuto
hanno	n(u)ociuto

Imperfetto

n(u)ocevo
n(u)ocevi
n(u)oceva
n(u)ocevamo
n(u)ocevate
n(u)ocẹvano

Trapassato prossimo

avevo	n(u)ociuto
avevi	n(u)ociuto
aveva	n(u)ociuto
avevamo	n(u)ociuto
avevate	n(u)ociuto
avẹvano	n(u)ociuto

Passato remoto

nocqui
n(u)ocesti
nocque
n(u)ocemmo
n(u)oceste
nọcquero

Trapassato remoto

ebbi	n(u)ociuto
avesti	n(u)ociuto
ebbe	n(u)ociuto
avemmo	n(u)ociuto
aveste	n(u)ociuto
ẹbbero	n(u)ociuto

Futuro semplice

n(u)ocerò
n(u)ocerai
n(u)ocerà
n(u)oceremo
n(u)ocerete
n(u)oceranno

Futuro anteriore

avrò	n(u)ociuto
avrai	n(u)ociuto
avrà	n(u)ociuto
avremo	n(u)ociuto
avrete	n(u)ociuto
avranno	n(u)ociuto

Congiuntivo

Presente

n(u)occia
n(u)occia
n(u)occia
n(u)ociamo
n(u)ociate
n(u)ọcciano

Imperfetto

n(u)ocessi
n(u)ocessi
n(u)ocesse
n(u)ocẹssimo
n(u)oceste
n(u)ocẹssero

Passato

abbia	n(u)ociuto
abbia	n(u)ociuto
abbia	n(u)ociuto
abbiamo	n(u)ociuto
abbiate	n(u)ociuto
ạbbiano	n(u)ociuto

Trapassato

avessi	n(u)ociuto
avessi	n(u)ociuto
avesse	n(u)ociuto
avẹssimo	n(u)ociuto
aveste	n(u)ociuto
avẹssero	n(u)ociuto

Condizionale

Presente

n(u)ocerei
n(u)oceresti
n(u)ocerebbe
n(u)oceremmo
n(u)ocereste
n(u)ocerẹbbero

Passato

avrei	n(u)ociuto
avresti	n(u)ociuto
avrebbe	n(u)ociuto
avremmo	n(u)ociuto
avreste	n(u)ociuto
avrẹbbero	n(u)ociuto

Imperativo

—	
(tu)	nuoci
(Lei)	n(u)occia
(noi)	n(u)ociamo
(voi)	n(u)ocete
(loro)	n(u)ọcciano

Gerundio

Presente

n(u)ocendo

Passato

avendo n(u)ociuto

Infinito

Passato

avere n(u)ociuto

Participio

Passato

n(u)ociuto

Beispiele und Wendungen

Fumare nuoce alla salute.
Rauchen schadet der Gesunheit.

Tutti quegli scandali nocevano alla reputazione del governo.
Diese ganzen Skandale schadeten dem Ansehen der Regierung.

nuocere a qu / qc	*jdm. / etw. schaden*

Besonderheiten

-c- wird -cci- vor -a und -o (z. B. n(u)o**cci**o, n(u)o**cci**a)
-uoc- wird -ocqu- (n**ocqu**i, n**ocqu**e, n**ocqu**ero)

Die Formen mit -o- sind im Allgemeinen etwas verbreiteter als jene mit -uo-, sofern der Wortakzent nicht auf diese Silbe fällt. Das bedeutet, dass beispielsweise n**o**cẹvano häufiger gebraucht wird als n**uo**cẹvano, wohingegen n**uǫ**cciono der Variante nǫcciono vorgezogen wird.

Die Endungen des Passato remoto von nuocere sind dieselben wie bei piacere, nascere und tacere (z. B. no**cque** – pia**cque** – na**cque** – ta**cque**).

Tipp

Das Verb wird häufig in der 3. Person verwendet. Prägen Sie sich daher die entsprechenden Formen gut ein.

Fällt die Betonung auf -uo- (z. B. n**uǫ**ci) so liegt der Akzent stets auf -o-.*
* Vgl. muovere, morire, scuotere

32 parere

(er)scheinen

Indicativo

Presente	Passato prossimo	
paio	sono	parso
pari	sei	parso
pare	è	parso
paiamo	siamo	parsi
parete	siete	parsi
paiono	sono	parsi

Imperfetto	Trapassato prossimo	
parevo	ero	parso
parevi	eri	parso
pareva	era	parso
parevamo	eravamo	parsi
parevate	eravate	parsi
parevano	erano	parsi

Passato remoto	Trapassato remoto	
parvi	fui	parso
paresti	fosti	parso
parve	fu	parso
paremmo	fummo	parsi
pareste	foste	parsi
parvero	furono	parsi

Futuro semplice	Futuro anteriore	
parrò	sarò	parso
parrai	sarai	parso
parrà	sarà	parso
parremo	saremo	parsi
parrete	sarete	parsi
parranno	saranno	parsi

Congiuntivo

Presente	Imperfetto
paia	paressi
paia	paressi
paia	paresse
paiamo	paressimo
paiate	pareste
paiano	paressero

Passato		Trapassato	
sia	parso	fossi	parso
sia	parso	fossi	parso
sia	parso	fosse	parso
siamo	parsi	fossimo	parsi
siate	parsi	foste	parsi
siano	parsi	fossero	parsi

Condizionale

Presente	Passato	
parrei	sarei	parso
parresti	saresti	parso
parrebbe	sarebbe	parso
parremmo	saremmo	parsi
parreste	sareste	parsi
parrebbero	sarebbero	parsi

Imperativo

—
—
—
—
—
—

Gerundio

Presente	Passato
parendo	essendo parso

Infinito

Passato

essere parso

Participio

Passato

parso

Beispiele und Wendungen

Mi pare di conoscere quella persona.
Ich glaube, jene Person zu kennen.

Faccio sempre quel che mi pare.
Ich tue immer das, was mir gefällt.

pare di sì / no	*anscheinend ja / nein*
Che ve ne pare?	*Was haltet ihr davon?*
Come ti pare!	*Wie du willst!*
Non mi pare vero!	*Das kann ich nicht glauben!*
Mi pareva!	*Das habe ich mir doch gedacht!*

Besonderheiten

Im Futur und Konditional Präsens ist der Verbstamm verkürzt (vgl. pa**rr**ò ↔ prend**e**rò, pa**rr**ei ↔ prend**e**rei) und erhält zudem -rr-.*
* Vgl. bere: berrei, berrò etc.

Nach parere che steht der Konjunktiv:

Mi pare (che) Laura abbia ragione.	*Es scheint mir, dass Laura Recht hat.*

Tipp

Das Verb wird überwiegend in der 3. Person verwendet. Prägen Sie sich daher die entsprechenden Formen gut ein.

Lernen Sie parere auch in der Verwendung als Substantiv:

sono del parere che (+ Konj.)	*ich bin der Meinung, dass*
a mio parere	*meiner Meinung nach*

33 piacere

gefallen

-c- wird -cc(i)-, -cqu-

Indicativo

Presente	Passato prossimo		Imperfetto	Trapassato prossimo	
piaccio	sono	piaciuto	piacevo	ero	piaciuto
piaci	sei	piaciuto	piacevi	eri	piaciuto
piace	è	piaciuto	piaceva	era	piaciuto
piacciamo	siamo	piaciuti	piacevamo	eravamo	piaciuti
piacete	siete	piaciuti	piacevate	eravate	piaciuti
piacciono	sono	piaciuti	piacevano	erano	piaciuti

Passato remoto	Trapassato remoto		Futuro semplice	Futuro anteriore	
piacqui	fui	piaciuto	piacerò	sarò	piaciuto
piacesti	fosti	piaciuto	piacerai	sarai	piaciuto
piacque	fu	piaciuto	piacerà	sarà	piaciuto
piacemmo	fummo	piaciuti	piaceremo	saremo	piaciuti
piaceste	foste	piaciuti	piacerete	sarete	piaciuti
piacquero	furono	piaciuti	piaceranno	saranno	piaciuti

Congiuntivo

Presente	Imperfetto	Passato		Trapassato	
piaccia	piacessi	sia	piaciuto	fossi	piaciuto
piaccia	piacessi	sia	piaciuto	fossi	piaciuto
piaccia	piacesse	sia	piaciuto	fosse	piaciuto
piacciamo	piacessimo	siamo	piaciuti	fossimo	piaciuti
piacciate	piaceste	siate	piaciuti	foste	piaciuti
piacciano	piacessero	siano	piaciuti	fossero	piaciuti

Condizionale

Presente	Passato	
piacerei	sarei	piaciuto
piaceresti	saresti	piaciuto
piacerebbe	sarebbe	piaciuto
piaceremmo	saremmo	piaciuti
piacereste	sareste	piaciuti
piacerebbero	sarebbero	piaciuti

Imperativo

—	
(tu)	piaci
(Lei)	piaccia
(noi)	piacciamo
(voi)	piacete
(loro)	piacciano

Gerundio

Presente	Passato
piacendo	essendo piaciuto

Infinito

Passato
essere piaciuto

Participio

Passato
piaciuto

piacere

gefallen

Beispiele und Wendungen

Ti piacciono gli spaghetti alle vongole?
Magst du Spaghetti mit Venusmuscheln?

piacere a qu	*jdm. gefallen, schmecken*
mi piacerebbe fare ...	*ich würde gerne ... machen*

Weitere Verben

compiacere - dispiacere

compiacersi con qn	*jmd. gratulieren*
mi dispiace	*es tut mir leid*

Besonderheiten

Beachten Sie bitte die Verdoppelung von -c- bei einigen Formen (z. B. pia**cc**io, pia**cc**ia). Die Endungen des Passato remoto von piacere sind dieselben wie bei nuocere, nascere und tacere (z. B. pia**cque** - no**cque** - na**cque** - ta**cque**).

Das Passato prossimo von piacere wird mit essere gebildet:

Il film mi è piaciuto.	*Der Film* hat *mir gefallen.*

Tipp

Das Verb wird meistens in der 3. Person verwendet. Prägen Sie sich daher die entsprechenden Formen gut ein.
Lernen Sie piacere auch als Substantiv mit der Bedeutung *Vergnügen, Gefallen.*

fare un piacere a qu	*jdm. einen Gefallen tun*
Piacere!	*Sehr erfreut!*

34 porre

setzen, stellen, legen

Indicativo

Presente	Passato prossimo	
pongo	ho	posto
poni	hai	posto
pone	ha	posto
poniamo	abbiamo	posto
ponete	avete	posto
pọngono	hanno	posto

Imperfetto	Trapassato prossimo	
ponevo	avevo	posto
ponevi	avevi	posto
poneva	aveva	posto
ponevamo	avevamo	posto
ponevate	avevate	posto
ponẹvano	avẹvano	posto

Passato remoto	Trapassato remoto	
posi	ebbi	posto
ponesti	avesti	posto
pose	ebbe	posto
ponemmo	avemmo	posto
poneste	aveste	posto
pọsero	ẹbbero	posto

Futuro semplice	Futuro anteriore	
porrò	avrò	posto
porrai	avrai	posto
porrà	avrà	posto
porremo	avremo	posto
porrete	avrete	posto
porranno	avranno	posto

Congiuntivo

Presente

ponga
ponga
ponga
poniamo
poniate
pọngano

Imperfetto

ponessi
ponessi
ponesse
ponẹssimo
poneste
ponẹssero

Passato

abbia	posto
abbia	posto
abbia	posto
abbiamo	posto
abbiate	posto
ạbbiano	posto

Trapassato

avessi	posto
avessi	posto
avesse	posto
avẹssimo	posto
aveste	posto
avẹssero	posto

Condizionale

Presente

porrei
porresti
porrebbe
porremmo
porreste
porrẹbbero

Passato

avrei	posto
avresti	posto
avrebbe	posto
avremmo	posto
avreste	posto
avrẹbbero	posto

Imperativo

—	
(tu)	poni
(Lei)	ponga
(noi)	poniamo
(voi)	ponete
(loro)	pọngano

Gerundio

Presente

ponendo

Passato

avendo posto

Infinito

Passato

avere posto

Participio

Passato

posto

Beispiele und Wendungen

Francesco pone il giornale sul tavolo.
Francesco legt die Zeitung auf den Tisch.

porre qc	*etw. setzen / stellen / legen*
porre una domanda	*eine Frage stellen*
poniamo che (+ Konj.)	*nehmen wir an, dass*

Weitere Verben

comporre – esporre – imporre – proporre – supporre

comporre una canzone	*ein Lied komponieren*
esporre un quadro	*ein Bild ausstellen*
imporre qc a qu	*jdm. etw. auferlegen / aufdrängen*
proporre qc	*etw. vorschlagen*
supporre qc	*etw. vermuten, annehmen*

Besonderheiten

Das Verb porre stammt aus der veralteten Form ponere*. Die Endung von porre ist vor allem in der Konjugation des Futurs und Konditional Präsens erkennbar.
* Vgl. bere, condurre, dire, fare, trarre

Tipp

Das Verb ist in allen Zeiten unregelmäßig. Es empfiehlt sich daher die Formen nach und nach zu lernen, indem man beispielsweise mit dem Indikativ Präsens beginnt. Nehmen Sie doch mal einen Würfel zur Hand und würfeln Sie. Die Zahl entspricht dann der Person des Verbs: z. B. 1: io pongo, 2: tu poni etc.

35 potere

können, dürfen

Indicativo

Presente	Passato prossimo	
posso	ho	potuto
puoi	hai	potuto
può	ha	potuto
possiamo	abbiamo	potuto
potete	avete	potuto
possono	hanno	potuto

Imperfetto	Trapassato prossimo	
potevo	avevo	potuto
potevi	avevi	potuto
poteva	aveva	potuto
potevamo	avevamo	potuto
potevate	avevate	potuto
potevano	avevano	potuto

Passato remoto	Trapassato remoto	
potei	ebbi	potuto
potesti	avesti	potuto
poté	ebbe	potuto
potemmo	avemmo	potuto
poteste	aveste	potuto
poterono	ebbero	potuto

Futuro semplice	Futuro anteriore	
potrò	avrò	potuto
potrai	avrai	potuto
potrà	avrà	potuto
potremo	avremo	potuto
potrete	avrete	potuto
potranno	avranno	potuto

Congiuntivo

Presente	Imperfetto
possa	potessi
possa	potessi
possa	potesse
possiamo	potessimo
possiate	poteste
possano	potessero

Passato		Trapassato	
abbia	potuto	avessi	potuto
abbia	potuto	avessi	potuto
abbia	potuto	avesse	potuto
abbiamo	potuto	avessimo	potuto
abbiate	potuto	aveste	potuto
abbiano	potuto	avessero	potuto

Condizionale

Presente	Passato	
potrei	avrei	potuto
potresti	avresti	potuto
potrebbe	avrebbe	potuto
potremmo	avremmo	potuto
potreste	avreste	potuto
potrebbero	avrebbero	potuto

Imperativo

—
—
—
—
—
—

Gerundio

Presente	Passato
potendo	avendo potuto

Infinito

Passato

avere potuto

Participio

Passato

potuto

Beispiele und Wendungen

Ti posso chiedere un favore?
Kann ich dich um einen Gefallen bitten?

può darsi che (+ *Konj.*)	*es könnte sein / es ist möglich, dass*
Non ne posso più!	*Ich kann nicht mehr!*
poter fare qc	*etw. tun können / dürfen*

Besonderheiten

Im Futur und Konditional Präsens ist der Verbstamm verkürzt (vgl. potrò ↔ chiud**e**rò, potrei ↔ chied**e**rei).

Die zusammengesetzten Zeiten von potere werden in der Regel mit dem Hilfsverb avere gebildet. Folgt dem Verb allerdings noch ein Infinitiv, so verlangt potere dasselbe Hilfsverb wie der nachfolgende Infinitiv.
Vgl. dovere, volere

Non ho potuto mangiare.	*Ich konnte nicht essen.*
Sono potuto andare alla festa.	*Ich konnte zu der Feier gehen.*

Tipp

Im Italienischen werden zwei unterschiedliche Verben verwendet, um *können* auszudrücken: potere und sapere.

Posso suonare la chitarra.	*Ich kann Gitarre spielen.* (weil ich die Möglichkeit dazu habe)
So suonare la chitarra.	*Ich kann Gitarre spielen.* (weil ich die erlernte Fähigkeit habe)

Merken Sie sich: potere ist auch ein Substantiv mit der Bedeutung *Macht*:

essere al potere	*an der Macht sein*

rimanere

bleiben

n- wird -ng-

Indicativo

Presente	Passato prossimo	
rimango	sono	rimasto
rimani	sei	rimasto
rimane	è	rimasto
rimaniamo	siamo	rimasti
rimanete	siete	rimasti
rimangono	sono	rimasti

Imperfetto	Trapassato prossimo	
rimanevo	ero	rimasto
rimanevi	eri	rimasto
rimaneva	era	rimasto
rimanevamo	eravamo	rimasti
rimanevate	eravate	rimasti
rimanevano	erano	rimasti

Passato remoto	Trapassato remoto	
rimasi	fui	rimasto
rimanesti	fosti	rimasto
rimase	fu	rimasto
rimanemmo	fummo	rimasti
rimaneste	foste	rimasti
rimasero	furono	rimasti

Futuro semplice	Futuro anteriore	
rimarrò	sarò	rimasto
rimarrai	sarai	rimasto
rimarrà	sarà	rimasto
rimarremo	saremo	rimasti
rimarrete	sarete	rimasti
rimarranno	saranno	rimasti

Congiuntivo

Presente
rimanga
rimanga
rimanga
rimaniamo
rimaniate
rimangano

Imperfetto
rimanessi
rimanessi
rimanesse
rimanessimo
rimaneste
rimanessero

Passato	
sia	rimasto
sia	rimasto
sia	rimasto
siamo	rimasti
siate	rimasti
siano	rimasti

Trapassato	
fossi	rimasto
fossi	rimasto
fosse	rimasto
fossimo	rimasti
foste	rimasti
fossero	rimasti

Condizionale

Presente
rimarrei
rimarresti
rimarrebbe
rimarremmo
rimarreste
rimarrebbero

Passato	
sarei	rimasto
saresti	rimasto
sarebbe	rimasto
saremmo	rimasti
sareste	rimasti
sarebbero	rimasti

Imperativo

—	
(tu)	rimani
(Lei)	rimanga
(noi)	rimaniamo
(voi)	rimanete
(loro)	rimangano

Gerundio

Presente	Passato
rimanendo	essendo rimasto

Infinito

Passato

essere rimasto

Participio

Passato

rimasto

rimanere

bleiben

Beispiele und Wendungen

Stasera rimango a casa.
Heute Abend bleibe ich zu Hause.

Prego, si accomodi! – No, grazie. Rimango in piedi.
Bitte nehmen Sie Platz! – Nein, danke. Ich bleibe stehen.

rimanere a bocca aperta	*erstaunt sein*
rimanere d'accordo	*so verbleiben*
rimanere seduto / in piedi	*sitzen / stehen bleiben*

Weitere Verben

permanere

La situazione finanziaria permane incerta.
Die finanzielle Situation bleibt weiterhin unsicher.

Besonderheiten

-n- wird -ng- (z. B. rima**ng**o, rima**ng**ono)

Im Futur und Konditional Präsens ist der Verbstamm verkürzt (vgl. rima**rr**ò ⟷ prend**e**rò, rima**rr**ei ⟷ prend**e**rei) und erhält zudem -rr-.*
* Vgl. parere: parrò, parrei etc.

Tipp

Lernen Sie rimanere zusammen mit salire, spegnere, tenere, valere und venire, da diese Verben im Präsens dieselbe Unregelmäßigkeit aufweisen:
riman**g**o – sal**g**o – spen**g**o – ten**g**o – val**g**o – ven**g**o
riman**g**ono – sal**g**ono – spen**g**ono – ten**g**ono – val**g**ono – ven**g**ono

37 sapere

wissen, erfahren, können

Indicativo

Presente	Passato prossimo	
so	ho	saputo
sai	hai	saputo
sa	ha	saputo
sappiamo	abbiamo	saputo
sapete	avete	saputo
sanno	hanno	saputo

Imperfetto	Trapassato prossimo	
sapevo	avevo	saputo
sapevi	avevi	saputo
sapeva	aveva	saputo
sapevamo	avevamo	saputo
sapevate	avevate	saputo
sapevano	avevano	saputo

Passato remoto	Trapassato remoto	
seppi	ebbi	saputo
sapesti	avesti	saputo
seppe	ebbe	saputo
sapemmo	avemmo	saputo
sapeste	aveste	saputo
seppero	ebbero	saputo

Futuro semplice	Futuro anteriore	
saprò	avrò	saputo
saprai	avrai	saputo
saprà	avrà	saputo
sapremo	avremo	saputo
saprete	avrete	saputo
sapranno	avranno	saputo

Congiuntivo

Presente
sappia
sappia
sappia
sappiamo
sappiate
sappiano

Imperfetto
sapessi
sapessi
sapesse
sapessimo
sapeste
sapessero

Passato	
abbia	saputo
abbia	saputo
abbia	saputo
abbiamo	saputo
abbiate	saputo
abbiano	saputo

Trapassato	
avessi	saputo
avessi	saputo
avesse	saputo
avessimo	saputo
aveste	saputo
avessero	saputo

Condizionale

Presente
saprei
sapresti
saprebbe
sapremmo
sapreste
saprebbero

Passato	
avrei	saputo
avresti	saputo
avrebbe	saputo
avremmo	saputo
avreste	saputo
avrebbero	saputo

Imperativo

—	
(tu)	sappi
(Lei)	sappia
(noi)	sappiamo
(voi)	sappiate
(loro)	sappiano

Gerundio

Presente	Passato
sapendo	avendo saputo

Infinito

Passato

avere saputo

Participio

Passato

saputo

Beispiele und Wendungen

Lo sai che il fratello di Chiara vive in America?
Weißt du, dass der Bruder von Chiara in Amerika lebt?

sapere qc di qu	*etw. von jdm. wissen*
sapere qc da qu	*etw. von jdm. erfahren*
sapere a memoria	*auswendig wissen / können*
mi sa che	*ich habe den Eindruck, dass*
Non che io sappia!	*Nicht dass ich wüsste!*
Che ne so io!	*Was weiß denn ich!*

Weitere Verben

risapere	
risapere qc	etw. erfahren

Besonderheiten

Im Futur und Konditional Präsens ist der Verbstamm verkürzt (vgl. saprò ↔ batt**e**rò, saprei ↔ batt**e**rei).
Im Gebrauch der Vergangenheitszeiten gibt es einen Bedeutungsunterschied:

Non lo sapevi?	Wusstest *du das nicht?*
L'ho saputo da Ernesto.	*Ich* habe *es von Ernesto* erfahren.

Tipp

Merken Sie sich, dass sapere – im Gegensatz zu potere – eine (erlernte) Fähigkeit ausdrückt:

So giocare a carte.	*Ich kann Karten spielen.* (Ich weiß, wie es geht.)

scẹgliere

(aus)wählen

-gli- wird -lg-, -ls- / -gli- + -i- wird -gli-

Indicativo

Presente

scelgo
scegli
sceglie
scegliamo
scegliete
scẹlgono

Passato prossimo

ho	scelto
hai	scelto
ha	scelto
abbiamo	scelto
avete	scelto
hanno	scelto

Imperfetto

sceglievo
sceglievi
sceglieva
sceglievamo
sceglievate
sceglịevano

Trapassato prossimo

avevo	scelto
avevi	scelto
aveva	scelto
avevamo	scelto
avevate	scelto
avẹvano	scelto

Passato remoto

scelsi
scegliesti
scelse
scegliemmo
sceglieste
scẹlsero

Trapassato remoto

ebbi	scelto
avesti	scelto
ebbe	scelto
avemmo	scelto
aveste	scelto
ẹbbero	scelto

Futuro semplice

sceglierò
sceglierai
sceglierà
sceglieremo
sceglierete
sceglieranno

Futuro anteriore

avrò	scelto
avrai	scelto
avrà	scelto
avremo	scelto
avrete	scelto
avranno	scelto

Congiuntivo

Presente

scelga
scelga
scelga
scegliamo
scegliate
scẹlgano

Imperfetto

scegliessi
scegliessi
scegliesse
sceglịessimo
sceglieste
sceglịessero

Passato

abbia	scelto
abbia	scelto
abbia	scelto
abbiamo	scelto
abbiate	scelto
ạbbiano	scelto

Trapassato

avessi	scelto
avessi	scelto
avesse	scelto
avẹssimo	scelto
aveste	scelto
avẹssero	scelto

Condizionale

Presente

sceglierei
sceglieresti
sceglierebbe
sceglieremmo
scegliereste
sceglierẹbbero

Passato

avrei	scelto
avresti	scelto
avrebbe	scelto
avremmo	scelto
avreste	scelto
avrẹbbero	scelto

Imperativo

—	
(tu)	scegli
(Lei)	scelga
(noi)	scegliamo
(voi)	scegliete
(loro)	scẹlgano

Gerundio

Presente

scegliendo

Passato

avendo scelto

Infinito

Passato

avere scelto

Participio

Passato

scelto

Beispiele und Wendungen

Hai già scelto, Umberto?
Hast du schon gewählt, Umberto?

C'è molto da scegliere.
Es gibt eine große Auswahl.

scegliere qu / qc fra	*jdn. / etw. auswählen unter*
scegliersi qu / qc	*sich jdn. / etw. aussuchen*
scegliere di fare qc	*beschließen, etw. zu tun*
c'è da scegliere	*die Auswahl haben*
C'è poco da scegliere!	*Es gibt keine andere Wahl!*

Besonderheiten

Folgendes ist bei den Verben auf -gliere* zu beachten:

-gli- + -i- wird -gli- (sce**gli**, sce**gli**amo)
-gli- wird -lg- (sce**lg**o, sce**lg**ono)
-gli- wird -ls- (sce**ls**i, sce**ls**e, sce**ls**ero)

* Vgl. cogliere

Tipp

Merken Sie sich:

scegliere	*(aus)wählen*
eleggere	*wählen zu* (z. B. Minister)
votare	*wählen* (seine Stimme abgeben bei einer Wahl)

scuotere

schütteln

-uo- wird -o-

Indicativo

Presente	Passato prossimo	
scuoto	ho	scosso
scuoti	hai	scosso
scuote	ha	scosso
sc(u)otiamo	abbiamo	scosso
sc(u)otete	avete	scosso
scuotono	hanno	scosso

Imperfetto	Trapassato prossimo	
sc(u)otevo	avevo	scosso
sc(u)otevi	avevi	scosso
sc(u)oteva	aveva	scosso
sc(u)otevamo	avevamo	scosso
sc(u)otevate	avevate	scosso
sc(u)otevano	avevano	scosso

Passato remoto	Trapassato remoto	
scossi	ebbi	scosso
sc(u)otesti	avesti	scosso
scosse	ebbe	scosso
sc(u)otemmo	avemmo	scosso
sc(u)oteste	aveste	scosso
scossero	ebbero	scosso

Futuro semplice	Futuro anteriore	
sc(u)oterò	avrò	scosso
sc(u)oterai	avrai	scosso
sc(u)oterà	avrà	scosso
sc(u)oteremo	avremo	scosso
sc(u)oterete	avrete	scosso
sc(u)oteranno	avranno	scosso

Congiuntivo

Presente	Imperfetto
scuota	sc(u)otessi
scuota	sc(u)otessi
scuota	sc(u)otesse
sc(u)otiamo	sc(u)otessimo
sc(u)otiate	sc(u)oteste
scuotano	sc(u)otessero

Passato		Trapassato	
abbia	scosso	avessi	scosso
abbia	scosso	avessi	scosso
abbia	scosso	avesse	scosso
abbiamo	scosso	avessimo	scosso
abbiate	scosso	aveste	scosso
abbiano	scosso	avessero	scosso

Condizionale

Presente	Passato	
sc(u)oterei	avrei	scosso
sc(u)oteresti	avresti	scosso
sc(u)oterebbe	avrebbe	scosso
sc(u)oteremmo	avremmo	scosso
sc(u)otereste	avreste	scosso
sc(u)oterebbero	avrebbero	scosso

Imperativo

—	
(tu)	scuoti
(Lei)	scuota
(noi)	sc(u)otiamo
(voi)	sc(u)otete
(loro)	scuotano

Gerundio

Presente	Passato
sc(u)otendo	avendo scosso

Infinito

Passato

avere scosso

Participio

Passato

scosso

Beispiele und Wendungen

Scuoto la testa perché non mi interessa.
Ich schüttle den Kopf, weil es mich nicht interessiert.

Le onde hanno scosso la nave.
Die Wellen haben das Schiff hin und her geschüttelt.

scuotere la testa	*den Kopf schütteln*
scuotere qc	*etw. (ab-, aus-)schütteln, erschüttern*
scuotersi	*auf-/hochfahren, aufschrecken*
scuotersi dal sonno	*aus dem Schlaf aufschrecken*

Weitere Verben

percuotere – riscuotere

percuotere qn	*jmd. schlagen/verprügeln*
riscuotere qc	*etw. erzielen*

L'attore ha riscosso un grande successo.
Der Schauspieler hat einen großen Erfolg erzielt.

Besonderheiten

-uo- wird -o-
Die regelmäßigen Formen mit -uo- sind jedoch geläufiger (z. B. sc**uo**tiamo, sc**uo**tevo).

Tipp

Fällt die Betonung auf -uo- (z. B. sc**uọ**tono) so liegt der Akzent stets auf dem -o-.
Vgl. muovere, nuocere, morire

sitzen

Indicativo

Presente	Passato prossimo	
siedo / seggo	sono	seduto
siedi	sei	seduto
siede	è	seduto
sediamo	siamo	seduti
sedete	siete	seduti
siedono / seggono	sono	seduti

Imperfetto	Trapassato prossimo	
sedevo	ero	seduto
sedevi	eri	seduto
sedeva	era	seduto
sedevamo	eravamo	seduti
sedevate	eravate	seduti
sedevano	erano	seduti

Passato remoto	Trapassato remoto	
sedei / -etti	fui	seduto
sedesti	fosti	seduto
sedé / -ette	fu	seduto
sedemmo	fummo	seduti
sedeste	foste	seduti
sederono / -ettero	furono	seduti

Futuro semplice	Futuro anteriore	
s(i)ederò	sarò	seduto
s(i)ederai	sarai	seduto
s(i)ederà	sarà	seduto
s(i)ederemo	saremo	seduti
s(i)ederete	sarete	seduti
s(i)ederanno	saranno	seduti

Congiuntivo

Presente
sieda / segga
sieda / segga
sieda / segga
sediamo
sediate
siedano / seggano

Imperfetto
sedessi
sedessi
sedesse
sedessimo
sedeste
sedessero

Passato	
sia	seduto
sia	seduto
sia	seduto
siamo	seduti
siate	seduti
siano	seduti

Trapassato	
fossi	seduto
fossi	seduto
fosse	seduto
fossimo	seduti
foste	seduti
fossero	seduti

Condizionale

Presente
s(i)ederei
s(i)ederesti
s(i)ederebbe
s(i)ederemmo
s(i)edereste
s(i)ederebbero

Passato	
sarei	seduto
saresti	seduto
sarebbe	seduto
saremmo	seduti
sareste	seduti
sarebbero	seduti

Imperativo

—	
(tu)	siedi
(Lei)	sieda / segga
(noi)	sediamo
(voi)	sedete
(loro)	siedano / seggano

Gerundio

Presente	Passato
sedendo	essendo seduto

Infinito

Passato
essere seduto

Participio

Passato
seduto

Beispiele und Wendungen

Siediti a tavola!
Setz dich an den Tisch!

La sera mi piace sedere sulla terrazza.
Ich sitze abends gerne auf der Terrasse.

sedersi	*sich setzen*
mettersi a sedere	*sich hinsetzen*

Weitere Verben

possedere

possedere qc	*etw. besitzen*
non possedere nulla	*nichts besitzen*

Besonderheiten

In manchen Formen wird im Verbstamm -e- zu -ie- (s**ie**do, s**ie**di etc.). Beachten Sie bitte auch die Doppelformen wie beispielsweise siedo / seggo.
Dieses Verb wird auch mit dem Hilfsverb avere konjugiert.

Tipp

Das Verb wird, wie im Deutschen, häufig reflexiv gebraucht:

mi siedo	*ich setze mich*

Merken Sie sich: Aus sedere lassen sich zahlreiche Wörter ableiten: z. B.

la sede	*Sitz* (einer Firma)
il sedile	*Sitz* (im Auto)
la sedia	*Stuhl*

41 **spegnere** — -gn- wird -ng- vor -o und -a

ausschalten

Indicativo

Presente	Passato prossimo		Imperfetto	Trapassato prossimo	
spengo	ho	spento	spegnevo	avevo	spento
spegni	hai	spento	spegnevi	avevi	spento
spegne	ha	spento	spegneva	aveva	spento
spegniamo	abbiamo	spento	spegnevamo	avevamo	spento
spegnete	avete	spento	spegnevate	avevate	spento
spengono	hanno	spento	spegnevano	avevano	spento

Passato remoto	Trapassato remoto		Futuro semplice	Futuro anteriore	
spensi	ebbi	spento	spegnerò	avrò	spento
spegnesti	avesti	spento	spegnerai	avrai	spento
spense	ebbe	spento	spegnerà	avrà	spento
spegnemmo	avemmo	spento	spegneremo	avremo	spento
spegneste	aveste	spento	spegnerete	avrete	spento
spensero	ebbero	spento	spegneranno	avranno	spento

Congiuntivo

Presente	Imperfetto	Passato		Trapassato	
spenga	spegnessi	abbia	spento	avessi	spento
spenga	spegnessi	abbia	spento	avessi	spento
spenga	spegnesse	abbia	spento	avesse	spento
spegniamo	spegnessimo	abbiamo	spento	avessimo	spento
spegniate	spegneste	abbiate	spento	aveste	spento
spengano	spegnessero	abbiano	spento	avessero	spento

Condizionale

Presente	Passato	
spegnerei	avrei	spento
spegneresti	avresti	spento
spegnerebbe	avrebbe	spento
spegneremmo	avremmo	spento
spegnereste	avreste	spento
spegnerebbero	avrebbero	spento

Imperativo

—	
(tu)	spegni
(Lei)	spenga
(noi)	spegniamo
(voi)	spegnete
(loro)	spengano

Gerundio

Presente: spegnendo

Passato: avendo spento

Infinito

Passato: avere spento

Participio

Passato: spento

Beispiele und Wendungen

Spengo la televisione perché è già tardi.
Ich mache den Fernseher aus, weil es schon spät ist.

La candela si è spenta.
Die Kerze ist ausgegangen.

spegnere qc	*etw. ausmachen (-schalten)*
spegnere la luce / la radio	*das Licht / Radio ausmachen*
spegnersi	*ausgehen, sich ausschalten*
spegnere il fuoco	*das Feuer löschen*

Besonderheiten

-gn- wird -ng-
Die Formen mit -ng- finden sich ausschließlich im Präsens des Indikativs und Konjunktivs: spe**ng**o, spe**ng**ono, spe**ng**a, spe**ng**ano.

Tipp

Lernen Sie spegnere zusammen mit rimanere, salire, tenere, valere und venire, da diese Verben im Präsens dieselbe Unregelmäßigkeit aufweisen:
spen**g**o – riman**g**o – sal**g**o – ten**g**o – val**g**o – ven**g**o
spen**g**ono – riman**g**ono – sal**g**ono – ten**g**ono – val**g**ono – ven**g**ono
etc.

Merken Sie sich: Die Aussprache von -gn- (z. B. in spe**gn**ere, spe**gn**i, spe**gn**e etc.) entspricht -gn- in dem Wort Cognac.

42 tacere

schweigen

-c- wird -cc(i)-, -cqu-

Indicativo

Presente
taccio
taci
tace
tac(c)iamo
tacete
tacciono

Passato prossimo
ho	taciuto
hai	taciuto
ha	taciuto
abbiamo	taciuto
avete	taciuto
hanno	taciuto

Imperfetto
tacevo
tacevi
taceva
tacevamo
tacevate
tacevano

Trapassato prossimo
avevo	taciuto
avevi	taciuto
aveva	taciuto
avevamo	taciuto
avevate	taciuto
avevano	taciuto

Passato remoto
tacqui
tacesti
tacque
tacemmo
taceste
tacquero

Trapassato remoto
ebbi	taciuto
avesti	taciuto
ebbe	taciuto
avemmo	taciuto
aveste	taciuto
ebbero	taciuto

Futuro semplice
tacerò
tacerai
tacerà
taceremo
tacerete
taceranno

Futuro anteriore
avrò	taciuto
avrai	taciuto
avrà	taciuto
avremo	taciuto
avrete	taciuto
avranno	taciuto

Congiuntivo

Presente
taccia
taccia
taccia
tac(c)iamo
tac(c)iate
tacciano

Imperfetto
tacessi
tacessi
tacesse
tacessimo
taceste
tacessero

Passato
abbia	taciuto
abbia	taciuto
abbia	taciuto
abbiamo	taciuto
abbiate	taciuto
abbiano	taciuto

Trapassato
avessi	taciuto
avessi	taciuto
avesse	taciuto
avessimo	taciuto
aveste	taciuto
avessero	taciuto

Condizionale

Presente
tacerei
taceresti
tacerebbe
taceremmo
tacereste
tacerebbero

Passato
avrei	taciuto
avresti	taciuto
avrebbe	taciuto
avremmo	taciuto
avreste	taciuto
avrebbero	taciuto

Imperativo

—	
(tu)	taci
(Lei)	taccia
(noi)	tac(c)iamo
(voi)	tacete
(loro)	tacciano

Gerundio

Presente
tacendo

Passato
avendo taciuto

Infinito

Passato
avere taciuto

Participio

Passato
taciuto

Beispiele und Wendungen

Giovanni tace perché non vuole tradire il suo amico.
Giovanni schweigt, weil er seinen Freund nicht verraten will.

far tacere qu	*jdm. zum Schweigen bringen*
tacere la verità	*die Wahrheit verschweigen*
Tacete una buona volta!	*Seid endlich still !*
Chi tace acconsente.	*Wer schweigt, stimmt zu.* (Sprichwort)

Weitere Verben

sottacere (lit.)	
sottacere qc	*etw. verschweigen*

Franco mi sottace la verità.
Franco verschweigt mir die Wahrheit.

Besonderheiten

-c- wird -cc(i)- (z. B. ta**cci**o, ta**cci**ono)
-c- wird -cqu- (ta**cqu**i, ta**cqu**e, ta**cqu**ero)

Die Endungen des Passato remoto von tacere sind dieselben wie bei nuocere, piacere und nascere (z. B. ta**cque** – no**cque** – pia**cque** – na**cque**).

Tipp

Lernen Sie tacere zusammen mit piacere, da beide Verben dieselben Unregelmäßigkeiten aufweisen. Auffällig ist hierbei die Verdoppelung von -c- bei einigen Formen (z. B. ta**cc**io – pia**cc**io).

43 tenere

halten

Indicativo

Presente	Passato prossimo
tengo	ho tenuto
tieni	hai tenuto
tiene	ha tenuto
teniamo	abbiamo tenuto
tenete	avete tenuto
tengono	hanno tenuto

Imperfetto	Trapassato prossimo
tenevo	avevo tenuto
tenevi	avevi tenuto
teneva	aveva tenuto
tenevamo	avevamo tenuto
tenevate	avevate tenuto
tenevano	avevano tenuto

Passato remoto	Trapassato remoto
tenni	ebbi tenuto
tenesti	avesti tenuto
tenne	ebbe tenuto
tenemmo	avemmo tenuto
teneste	aveste tenuto
tennero	ebbero tenuto

Futuro semplice	Futuro anteriore
terrò	avrò tenuto
terrai	avrai tenuto
terrà	avrà tenuto
terremo	avremo tenuto
terrete	avrete tenuto
terranno	avranno tenuto

Congiuntivo

Presente	Imperfetto
tenga	tenessi
tenga	tenessi
tenga	tenesse
teniamo	tenessimo
teniate	teneste
tengano	tenessero

Passato	Trapassato
abbia tenuto	avessi tenuto
abbia tenuto	avessi tenuto
abbia tenuto	avesse tenuto
abbiamo tenuto	avessimo tenuto
abbiate tenuto	aveste tenuto
abbiano tenuto	avessero tenuto

Condizionale

Presente	Passato
terrei	avrei tenuto
terresti	avresti tenuto
terrebbe	avrebbe tenuto
terremmo	avremmo tenuto
terreste	avreste tenuto
terrebbero	avrebbero tenuto

Imperativo

—	
(tu)	tieni
(Lei)	tenga
(noi)	teniamo
(voi)	tenete
(loro)	tengano

Gerundio

Presente	Passato
tenendo	avendo tenuto

Infinito

Passato

avere tenuto

Participio

Passato

tenuto

Beispiele und Wendungen

Potresti tenere la borsa, per cortesia?
Könntest du die Tasche bitte halten?

Tieni il libro se ti piace.
Behalte das Buch, wenn es dir gefällt.

ci tengo molto	*es liegt mir viel daran*
tenere duro	*durchhalten*

Weitere Verben

appartenere - contenere - mantenere - ottenere - trattenere

mantenere la parola	*Wort halten*
ottenere un premio	*einen Preis erhalten*
trattenersi	*bleiben, sich aufhalten*

Besonderheiten

-n- wird -ng- (z. B. te**ng**o, te**ng**ono)

Im Futur und Konditional Präsens ist der Verbstamm verkürzt (vgl. te**rr**ò ↔ prend**e**rò, te**rr**ei ↔ prend**e**rei) und erhält zudem -rr-.

Tipp

Lernen Sie tenere zusammen mit rimanere, salire, spegnere, valere und venire, da diese Verben im Präsens dieselbe Unregelmäßigkeit aufweisen:
ten**g**o - riman**g**o - sal**g**o - spen**g**o - val**g**o - ven**g**o
ten**g**ono - riman**g**ono - sal**g**ono - spen**g**ono - val**g**ono - ven**g**ono
etc.

trarre

ziehen

Indicativo

Presente	Passato prossimo	Imperfetto	Trapassato prossimo
traggo	ho tratto	traevo	avevo tratto
trai	hai tratto	traevi	avevi tratto
trae	ha tratto	traeva	aveva tratto
traiamo	abbiamo tratto	traevamo	avevamo tratto
traete	avete tratto	traevate	avevate tratto
traggono	hanno tratto	traevano	avevano tratto

Passato remoto	Trapassato remoto	Futuro semplice	Futuro anteriore
trassi	ebbi tratto	trarrò	avrò tratto
traesti	avesti tratto	trarrai	avrai tratto
trasse	ebbe tratto	trarrà	avrà tratto
traemmo	avemmo tratto	trarremo	avremo tratto
traeste	aveste tratto	trarrete	avrete tratto
trassero	ebbero tratto	trarranno	avranno tratto

Congiuntivo

Presente	Imperfetto	Passato	Trapassato
tragga	traessi	abbia tratto	avessi tratto
tragga	traessi	abbia tratto	avessi tratto
tragga	traesse	abbia tratto	avesse tratto
traiamo	traessimo	abbiamo tratto	avessimo tratto
traiate	traeste	abbiate tratto	aveste tratto
traggano	traessero	abbiano tratto	avessero tratto

Condizionale

Presente	Passato
trarrei	avrei tratto
trarresti	avresti tratto
trarrebbe	avrebbe tratto
trarremmo	avremmo tratto
trarreste	avreste tratto
trarrebbero	avrebbero tratto

Imperativo

—	
(tu)	trai
(Lei)	tragga
(noi)	traiamo
(voi)	traete
(loro)	traggano

Gerundio

Presente	Passato
traendo	avendo tratto

Infinito

Passato

avere tratto

Participio

Passato

tratto

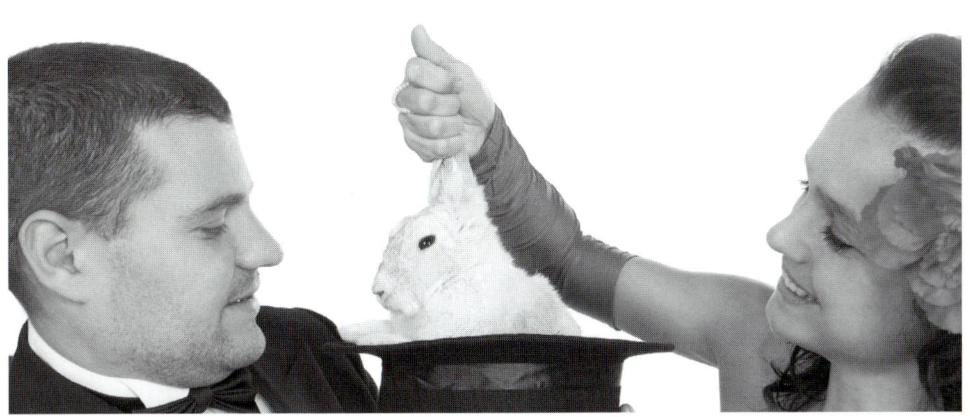

Beispiele und Wendungen

Il rapinatore trae la pistola dalla tasca.
Der Räuber zieht die Pistole aus der Tasche.

L'argomento del film fu tratto da un romanzo.
Die Handlung des Film wurde einem Roman entnommen.

trarre qc da qc	*etw. aus etw. ziehen / entnehmen*
trarre da un romanzo	*einem Roman entnehmen*
trarre in engano	*jdn. hinters Licht führen*
trarre in errore	*jdn. in die Irre führen*

Weitere Verben

contrarre - detrarre - distrarre - estrarre

contrarre matrimonio	*Ehe schließen*
detrarre due da cinque	*zwei von fünf abziehen*
distrarsi	*sich ablenken*
estrarre i numeri del lotto	*die Lottozahlen ziehen*

Besonderheiten

Das Verb trarre stammt aus der veralteten Form traere*. Die Endung von trarre ist vor allem in der Konjugation des Futurs und Konditional Präsens erkennbar.
* Vgl. bere, condurre, dire, fare, porre

Tipp

Lernen Sie die Formen des Imperfekts, indem Sie die veraltete Form traere zu Hilfe nehmen. Konjugieren Sie schließlich so, als ob es sich um ein gewöhnliches Verb auf -ere handeln würde (tra**evo**, tra**evi** etc.).

valere

gelten

Indicativo

Presente	Passato prossimo		Imperfetto	Trapassato prossimo	
valgo	sono	valso	valevo	ero	valso
vali	sei	valso	valevi	eri	valso
vale	è	valso	valeva	era	valso
valiamo	siamo	valsi	valevamo	eravamo	valsi
valete	siete	valsi	valevate	eravate	valsi
valgono	sono	valsi	valevano	erano	valsi

Passato remoto	Trapassato remoto		Futuro semplice	Futuro anteriore	
valsi	fui	valso	varrò	sarò	valso
valesti	fosti	valso	varrai	sarai	valso
valse	fu	valso	varrà	sarà	valso
valemmo	fummo	valsi	varremo	saremo	valsi
valeste	foste	valsi	varrete	sarete	valsi
valsero	furono	valsi	varranno	saranno	valsi

Congiuntivo

Presente	Imperfetto	Passato		Trapassato	
valga	valessi	sia	valso	fossi	valso
valga	valessi	sia	valso	fossi	valso
valga	valesse	sia	valso	fosse	valso
valiamo	valessimo	siamo	valsi	fossimo	valsi
valiate	valeste	siate	valsi	foste	valsi
valgano	valessero	siano	valsi	fossero	valsi

Condizionale

Presente	Passato	
varrei	sarei	valso
varresti	saresti	valso
varrebbe	sarebbe	valso
varremmo	saremmo	valsi
varreste	sareste	valsi
varrebbero	sarebbero	valsi

Imperativo

—	
(tu)	vali
(Lei)	valga
(noi)	valiamo
(voi)	valete
(loro)	valgano

Gerundio

Presente	Passato
valendo	essendo valso

Infinito

Passato

essere valso

Participio

Passato

valso

Beispiele und Wendungen

Questo vale per tutti, anche per te.
Das gilt für alle, auch für dich.

Questo gioiello vale almeno tre mila euro.
Dieses Schmuckstück ist mindestens dreitausend Euro wert.

valere per qu	*für jdn. gelten*
valere di più / meno	*mehr / weniger wert sein*
Non vale la pena.	*Das lohnt sich nicht.*

Weitere Verben

avvalersi – equivalere – prevalere – rivalersi

avvalersi di qc	*von etw. Gebrauch machen*
prevalere su qc	*etw. überwiegen*

Besonderheiten

Im Futur und Konditional Präsens ist der Verbstamm verkürzt (vgl. va**rr**ò ↔ prend**e**rò, va**rr**ei ↔ prend**e**rei) und erhält zudem -rr-.
Dieses Verb wird auch mit dem Hilfsverb avere konjugiert.

Tipp

Lernen Sie valere zusammen mit rimanere, salire, spegnere, tenere und venire, da diese Verben im Präsens dieselbe Unregelmäßigkeit aufweisen:
val**g**o – riman**g**o – sal**g**o – spen**g**o – ten**g**o – ven**g**o
val**g**ono – riman**g**ono – sal**g**ono – spen**g**ono – ten**g**ono – ven**g**ono
etc.

Merken Sie sich: Aus valere lässt sich das Wort la valuta *Währung* ableiten.

46 vedere

sehen

Indicativo

Presente	Passato prossimo	
vedo	ho	visto
vedi	hai	visto
vede	ha	visto
vediamo	abbiamo	visto
vedete	avete	visto
vedono	hanno	visto

Imperfetto	Trapassato prossimo	
vedevo	avevo	visto
vedevi	avevi	visto
vedeva	aveva	visto
vedevamo	avevamo	visto
vedevate	avevate	visto
vedevano	avevano	visto

Passato remoto	Trapassato remoto	
vidi	ebbi	visto
vedesti	avesti	visto
vide	ebbe	visto
vedemmo	avemmo	visto
vedeste	aveste	visto
videro	ebbero	visto

Futuro semplice	Futuro anteriore	
vedrò	avrò	visto
vedrai	avrai	visto
vedrà	avrà	visto
vedremo	avremo	visto
vedrete	avrete	visto
vedranno	avranno	visto

Congiuntivo

Presente
veda
veda
veda
vediamo
vediate
vedano

Imperfetto
vedessi
vedessi
vedesse
vedessimo
vedeste
vedessero

Passato	
abbia	visto
abbia	visto
abbia	visto
abbiamo	visto
abbiate	visto
abbiano	visto

Trapassato	
avessi	visto
avessi	visto
avesse	visto
avessimo	visto
aveste	visto
avessero	visto

Condizionale

Presente
vedrei
vedresti
vedrebbe
vedremmo
vedreste
vedrebbero

Passato	
avrei	visto
avresti	visto
avrebbe	visto
avremmo	visto
avreste	visto
avrebbero	visto

Imperativo

—	
(tu)	vedi
(Lei)	veda
(noi)	vediamo
(voi)	vedete
(loro)	vedano

Gerundio

Presente	Passato
vedendo	avendo visto

Infinito

Passato
avere visto

Participio

Passato
visto/veduto

Beispiele und Wendungen

Mio nonno ci vede male senza gli occhiali.
Mein Großvater sieht ohne Brille schlecht.

Hai visto l'ultimo film di Roberto Benigni?
Hast du den neuesten Film von Roberto Benigni gesehen?

Ci vediamo!	*Bis bald! Man sieht sich!*
Non vedo l'ora.	*Ich kann es kaum erwarten.*
avere a che vedere con qu	*mit jdm. zu tun haben*

Weitere Verben

prevedere - rivedere

prevedere qc	*etw. voraussehen*
arrivederci	*auf Wiedersehen*

Besonderheiten

Im Futur und Konditional Präsens ist der Verbstamm verkürzt (vgl. vedrò ↔ pagh**e**rò, vedrei ↔ pagh**e**rei).

Beachten Sie die Doppelform visto / veduto des Partizip Perfekt. In der gesprochenen Sprache ist allerdings die unregelmäßige Form visto üblich.

Tipp

Vedere ist in einer Vielzahl von Wendungen zu finden. Notieren Sie sich diese auf einem Zettel, den Sie beispielsweise an den Kühlschrank hängen können. Mit ci vediamo beispielsweise verabschiedet man sich von guten Freunden.

47 vivere

leben

-v- wird -ss-

Indicativo

Presente	Passato prossimo	
vivo	ho	vissuto
vivi	hai	vissuto
vive	ha	vissuto
viviamo	abbiamo	vissuto
vivete	avete	vissuto
vivono	hanno	vissuto

Imperfetto	Trapassato prossimo	
vivevo	avevo	vissuto
vivevi	avevi	vissuto
viveva	aveva	vissuto
vivevamo	avevamo	vissuto
vivevate	avevate	vissuto
vivevano	avevano	vissuto

Passato remoto	Trapassato remoto	
vissi	ebbi	vissuto
vivesti	avesti	vissuto
visse	ebbe	vissuto
vivemmo	avemmo	vissuto
viveste	aveste	vissuto
vissero	ebbero	vissuto

Futuro semplice	Futuro anteriore	
vivrò	avrò	vissuto
vivrai	avrai	vissuto
vivrà	avrà	vissuto
vivremo	avremo	vissuto
vivrete	avrete	vissuto
vivranno	avranno	vissuto

Congiuntivo

Presente
viva
viva
viva
viviamo
viviate
vivano

Imperfetto
vivessi
vivessi
vivesse
vivessimo
viveste
vivessero

Passato	
abbia	vissuto
abbia	vissuto
abbia	vissuto
abbiamo	vissuto
abbiate	vissuto
abbiano	vissuto

Trapassato	
avessi	vissuto
avessi	vissuto
avesse	vissuto
avessimo	vissuto
aveste	vissuto
avessero	vissuto

Condizionale

Presente
vivrei
vivresti
vivrebbe
vivremmo
vivreste
vivrebbero

Passato	
avrei	vissuto
avresti	vissuto
avrebbe	vissuto
avremmo	vissuto
avreste	vissuto
avrebbero	vissuto

Imperativo

—	
(tu)	vivi
(Lei)	viva
(noi)	viviamo
(voi)	vivete
(loro)	vivano

Gerundio

Presente	Passato
vivendo	avendo vissuto

Infinito

Passato
avere vissuto

Participio

Passato
vissuto

Beispiele und Wendungen

Luigi vive in Germania da venticinque anni.
Luigi lebt seit fünfundzwanzig Jahren in Deutschland.

vivere in campagna / città	*auf dem Land / in der Stadt leben*
vivere alla grande	*auf großem Fuß leben*
vivere alla giornata	*in den Tag hineinleben*
vivere di qc	*von etw. leben*
andare a vivere con qu	*mit jdm. zusammenziehen*

Weitere Verben

convivere - rivivere - sopravvivere

convivere con qu	*mit jdm. zusammenleben*
far rivivere qc	*etw. wieder aufleben lassen*
sopravvivere a qc	*etw. überleben*

Besonderheiten

-v- wird -ss- (vi**ss**i, vi**ss**e, vi**ss**ero, vi**ss**uto)

Im Futur und Konditional Präsens ist der Verbstamm verkürzt (vgl. vivrò ↔ prend**e**rò, vivrei ↔ prend**e**rei).
Dieses Verb wird auch mit dem Hilfsverb essere konjugiert.

Tipp

Merken Sie sich auch folgende Ausdrücke, die sich aus vivere ableiten:

viveri	*Lebensmittel*
vivo / a	*lebendig*
musica dal vivo	*Livemusik*

volere

wollen

Indicativo

Presente

voglio
vuoi
vuole
vogliamo
volete
vogliono

Passato prossimo

ho	voluto
hai	voluto
ha	voluto
abbiamo	voluto
avete	voluto
hanno	voluto

Imperfetto

volevo
volevi
voleva
volevamo
volevate
volevano

Trapassato prossimo

avevo	voluto
avevi	voluto
aveva	voluto
avevamo	voluto
avevate	voluto
avevano	voluto

Passato remoto

volli
volesti
volle
volemmo
voleste
vollero

Trapassato remoto

ebbi	voluto
avesti	voluto
ebbe	voluto
avemmo	voluto
aveste	voluto
ebbero	voluto

Futuro semplice

vorrò
vorrai
vorrà
vorremo
vorrete
vorranno

Futuro anteriore

avrò	voluto
avrai	voluto
avrà	voluto
avremo	voluto
avrete	voluto
avranno	voluto

Congiuntivo

Presente

voglia
voglia
voglia
vogliamo
vogliate
vogliano

Imperfetto

volessi
volessi
volesse
volessimo
voleste
volessero

Passato

abbia	voluto
abbia	voluto
abbia	voluto
abbiamo	voluto
abbiate	voluto
abbiano	voluto

Trapassato

avessi	voluto
avessi	voluto
avesse	voluto
avessimo	voluto
aveste	voluto
avessero	voluto

Condizionale

Presente

vorrei
vorresti
vorrebbe
vorremmo
vorreste
vorrebbero

Passato

avrei	voluto
avresti	voluto
avrebbe	voluto
avremmo	voluto
avreste	voluto
avrebbero	voluto

Imperativo

—	
(tu)	vogli
(Lei)	voglia
(noi)	vogliamo
(voi)	vogliate
(loro)	vogliano

Gerundio

Presente

volendo

Passato

avendo voluto

Infinito

Passato

avere voluto

Participio

Passato

voluto

Beispiele und Wendungen

Non voglio andare a casa.
Ich möchte nicht nach Hause gehen.

Ci vogliono tre ore per andare a Firenze.
Man braucht drei Stunden, um nach Florenz zu fahren.

voler bene a qu	*jdn. gern haben*
Cosa vuol dire?	*Was soll das heißen? / Was heißt das?*
vorrei	*ich würde / hätte gerne*

Weitere Verben

stravolere	
stravolere	*zu viel wollen*

Besonderheiten

Im Futur und Konditional Präsens ist der Verbstamm verkürzt (vgl. vo**rr**ò ↔ querc**h**e**r**ò, vo**rr**ei ↔ cerch**e**rei) und erhält zudem -rr-.

Die zusammengesetzten Zeiten von volere werden in der Regel mit dem Hilfsverb avere gebildet. Folgt dem Verb allerdings noch ein Infinitiv, so verlangt volere dasselbe Hilfsverb wie der nachfolgende Infinitiv.
(Vgl. dovere, potere)

Ho voluto mangiare una pizza.	*Ich wollte eine Pizza essen.*
Sono voluti andare a piedi.	*Sie wollten zu Fuß gehen.*

Tipp

Volere gehört neben dovere, potere und sapere zu den Modalverben. Diese werden im Italienischen sehr häufig verwendet. Lernen Sie deren Bedeutung und Konjugation daher sehr sorgfältig.

Weitere Verben

Verben der 2. Konjugation, bei denen nur Formen des *Passato remoto* und / oder das *Participio* unregelmäßig sind.
Alle Verben, bei denen nichts Gegenteiliges angegeben wurde, bilden die zusammengesetzten Zeiten mit avere.

	Passato remoto		Participio
49 **affiggere** anschlagen	affissi affiggesti affisse	affiggemmo affiggeste affissero	affisso
	Devo affigere questo manifesto in tutta la città. *Ich muss dieses Plakat in der ganzen Stadt aufhängen.* affiggere lo sguardo su qu *den Blick auf jmd. heften*		
50 **ardere** brennen	arsi ardesti arse	ardemmo ardeste arsero	arso
	La legna arde nel camino. *Das Holz brennt im Kamin.* Steht nach ardere kein direktes Objekt, werden die zusammengesetzten Zeiten mit essere gebildet: ardere d'amore / d'ira *vor Liebe / Zorn brennen* ardere di febbre *vor Fieber glühen, hohes Fieber haben* Steht dagegen nach ardere ein direktes Objekt, werden die zusammengesetzten Zeiten mit avere gebildet: ardere qc / qu *etw. / jdn. verbrennen*		
51 **assolvere** freisprechen	assolsi assolvesti assolse	assolvemmo assolveste assolsero	assolto
	L'imputato è stato assolto per mancanza di prove. *Der Angeklagte ist aus Mangel an Beweisen freigesprochen worden.* assolvere da una promessa *von einem Versprechen befreien* assolvere qu dai peccati *jdm. die Absolution erteilen*		

52

assumere
übernehmen

Passato remoto		Participio
assunsi	assumemmo	assunto
assumesti	assumeste	
assunse	assunsero	

Il direttore generale dell'azienda assume una nuova segretaria.
Der Geschäftsführer des Betriebs stellt eine neue Sekretärin ein.

assumere un farmaco	*ein Medikament einnehmen*
assumersi la responsabilità	*Verantwortung übernehmen*

53

assurgere
emporsteigen

Passato remoto		Participio
assursi	assurgemmo	assurto
assurgesti	assurgeste	
assurse	assursero	

Gesù assurge in cielo.
Jesus steigt in den Himmel auf.

Die zusammengesetzten Zeiten werden mit essere gebildet.

54

concedere
gewähren

Passato remoto		Participio
concessi / concedetti	concedemmo	concesso
concedesti	concedeste	
concesse / concedette	concessero / concedettero	

Il re concesse udienza al conte.
Der König gewährte dem Grafen Audienz.

concedersi qc	*sich etw. gönnen*
concedersi a qu	*sich jdm. hingeben*

55

conoscere
kennen

Passato remoto		Participio
conobbi	conoscemmo	conosciuto
conoscesti	conosceste	
conobbe	conobbero	

Non conosco bene la sorella di Stefano.
Ich kenne die Schwester von Stefano nicht gut.

conoscere qu di vista	*jdn. vom Sehen kennen*

Weitere Verben

	Passato remoto		Participio
56			
contundere prellen	contusi contundesti contuse	contundemmo contundeste contusero	contuso
	Cadendo il ragazzo si è contuso un piede. *Beim Hinfallen hat sich der Junge ein Bein geprellt.*		

	Passato remoto		Participio
57			
correre rennen	corsi corresti corse	corremmo correste corsero	corso

Die zusammengesetzten Zeiten werden mit essere gebildet, wenn ein Ziel angegeben wird:
Sono corso alla stazione.
Ich bin zum Bahnhof gerannt.

Die zusammengesetzten Zeiten werden dagegen mit avere gebildet, wenn kein Ziel angegeben wird:
Oggi abbiamo corso più di due ore.
Heute sind wir über zwei Stunden gelaufen.

correre il rischio	*Gefahr laufen*
correre tra qc	*zwischen etw. liegen* (z. B. Zeit)
correre il Giro d'Italia	*den Giro d'Italia fahren*

	Passato remoto		Participio
58			
crescere wachsen	crebbi crescesti crebbe	crescemmo cresceste crebbero	cresciuto

Steht nach crescere kein direktes Objekt, werden die zusammengesetzen Zeiten mit essere gebildet:
Michele è cresciuto in un paese vicino a Milano.
Michele ist in einem Dorf in der Nähe von Mailand aufgewachsen.

Steht dagegen nach crescere ein direktes Objekt, werden die zusammengesetzten Zeiten mit avere gebildet:
Lucio e Roberta hanno cresciuto tre figli.
Lucio und Roberta haben drei Kinder großgezogen.

farsi crescere i capelli	*sich die Haare wachsen lassen*
crescere a qu	*jdm. übrig bleiben*

	Passato remoto		Participio
59 **discutere** diskutieren	discussi discutesti discusse	discutemmo discuteste discussero	discusso
	Mi piace discutere di politica. *Ich diskutiere gerne über Politik.* discutere un problema *ein Problem erörtern*		
60 **dissuadere** abraten	dissuasi dissuadesti dissuase	disuademmo dissuadeste dissuasero	dissuaso
	Paola ha dissuaso la figlia dal viaggiare da sola. *Paola hat ihrer Tochter davon abgeraten, alleine zu reisen.* dissuadere qu (da qc) *jdn. von etw. abbringen*		
61 **distinguere** unterscheiden	distinsi distinguesti distinse	distinguemmo distingueste distinsero	distinto
	Non riesco a distinguere Maurizio da suo fratello. *Ich kann Maurizio nicht von seinem Bruder unterscheiden.*		
62 **emergere** hervorragen	emersi emergesti emerse	emergemmo emergeste emersero	emerso
	Gli scogli emergono dall'acqua. *Die Felsen ragen aus dem Wasser hervor.* Die zusammengesetzten Zeiten werden mit essere gebildet.		
63 **ergere** erheben	ersi ergesti erse	ergemmo ergeste ersero	erto
	La torre si erge tra due edifici. *Der Turm ragt zwischen zwei Gebäuden hervor.*		

64 - 72

Weitere Verben

64 **erigere** errichten	Passato remoto		Participio
	eressi	erigemmo	eretto
	erigesti	erigeste	
	eresse	eressero	
	Il monumento è stato eretto in onore di un poeta. *Das Denkmal ist zu Ehren eines Dichters errichtet worden.*		

65 **espandere** ausdehnen	Passato remoto		Participio
	espansi	espandemmo	espanso
	espandesti	espandeste	
	espanse	espansero	
	La spiaggia si espande lungo la costa. *Der Strand erstreckt sich entlang der Küste.*		

66 **espellere** ausweisen	Passato remoto		Participio
	espulsi	espellemmo	espulso
	espellesti	espelleste	
	espulse	espulsero	
	Il giocatore è stato espulso dal campo. *Der Spieler wurde des Feldes verwiesen.*		
	espellere qu	*jdn. ausschließen*	

67 **esprimere** ausdrücken	Passato remoto		Participio
	espressi	esprimemmo	espresso
	esprimesti	esprimeste	
	espresse	espressero	
	Non riesco ad esprimere i miei sentimenti. *Ich kann meine Gefühle nicht ausdrücken.*		

68 **figgere** hineintreiben	Passato remoto		Participio
	fissi	figgemmo	fitto
	figgesti	figgeste	
	fisse	fissero	
	Mi figgo un'idea in testa. *Ich setze mir eine Idee in den Kopf.*		
	figgere lo sguardo	*den Blick fest auf etw. / jdn. richten*	

69

fịngere
vortäuschen

Passato remoto		Participio
finsi	fingemmo	finto
fingesti	fingeste	
finse	fịnsero	

Gli allievi fingono di studiare.
Die Schüler tun so, als ob sie lernen würden.

fingere di fare qc	*so tun, als ob man etw. täte*
fingersi pazzo	*sich verrückt stellen*
fingere di non sentire	*sich taub stellen, so tun als ob man nichts hört*

70

fọndere
schmelzen

Passato remoto		Participio
fusi	fondemmo	fuso
fondesti	fondeste	
fuse	fụsero	

Il saldatore fonde il metallo.
Der Schweißer schmilzt das Metall.

fondere qc con qc	*etw. mit etw. verschmelzen / vereinigen*

71

frạngere
brechen

Passato remoto		Participio
fransi	frangemmo	franto
frangesti	frangeste	
franse	frạnsero	

Dieci fratto due fa cinque.
Zehn geteilt durch zwei macht fünf.

frangere le olive	*Oliven auspressen*

72

fụngere
fungieren

Passato remoto		Participio
funsi	fungemmo	funto
fungesti	fungeste	
funse	fụnsero	

Questo tavolo funge da scrivania.
Dieser Tisch dient als Schreibtisch.

fungere da ministro	*das Amt eines Ministers ausüben*

Weitere Verben

73

giungere
ankommen

Passato remoto		Participio
giunsi	giungemmo	giunto
giungesti	giungeste	
giunse	giunsero	

I soldati giunsero al castello all'alba.
Die Soldaten kamen bei Tagesanbruch am Schloss an.

giungere le mani — *die Hände falten*

Die zusammengesetzten Zeiten werden mit essere gebildet.

Giungere ist ein eher literarisches Verb, im alltäglichen Italienisch würde man eher arrivare bzw. raggiungere verwenden.

74

indulgere
nachgeben

Passato remoto		Participio
indulsi	indulgemmo	indulto
indulgesti	indulgeste	
indulse	indulsero	

Carla non indulge ai capricci dei suoi bambini.
Carla gibt den Launen ihrer Kinder nicht nach.

indulgere a qc — *etw. nachgeben*

75

invadere
überfallen

Passato remoto		Participio
invasi	invademmo	invaso
invadesti	invadeste	
invase	invasero	

Tra 58 e 50 a.C. Giulio Cesare invase la Gallia.
Cäsar überfiel zwischen 58 und 50 v.Chr. Gallien.

invadere un paese — *ein Land besetzen / überfallen*
invadere la campagna — *das Land überschwemmen / überfluten*

76

leggere
lesen

Passato remoto		Participio
lessi	leggemmo	letto
leggesti	leggeste	
lesse	lessero	

Mi piace leggere prima di dormire.
Ich lese gerne vor dem Schlafengehen.

leggere un libro / il giornale — *ein Buch / die Zeitung lesen*

77

mettere
setzen, legen, stellen

Passato remoto		**Participio**
misi	mettemmo	messo
mettesti	metteste	
mise	misero	

Dove hai messo il telefono, Alessandro?
Wo hast du das Telefon hingelegt, Alessandro?

mettere qc su / dentro qc	*etw. auf / in etw. setzen / stellen / legen*
mettere addosso qc	*etw. anziehen*
mettere giù qc	*etw. hinlegen / abstellen*
mettersi a fare qc	*beginnen, etw. zu tun*

78

mordere
beißen

Passato remoto		**Participio**
morsi	mordemmo	morso
mordesti	mordeste	
morse	morsero	

Il cane ha morso la gamba del ragazzo.
Der Hund hat dem Jungen ins Bein gebissen.

mordersi la lingua	*sich auf die Zunge beißen*
mordersi le mani *(fig.)*	*sich die Haare raufen*

79

nascere
geboren werden

Passato remoto		**Participio**
nacqui	nascemmo	nato
nascesti	nasceste	
nacque	nacquero	

Ilaria è nata a Lucca il 9 aprile 1950.
Ilaria ist am 9. April 1950 in Lucca geboren.

Giacomo Leopardi nacque il 29 giugno 1798.
Giacomo Leopardi wurde am 29. Juni 1798 geboren.

essere nato per qc	*für etw. geboren sein*
nascere bene	*in einer wohlhabenden Familie geboren sein*
Non sono nato ieri!	*Ich bin nicht von gestern!*

Die zusammengesetzten Zeiten werden mit essere gebildet.

Weitere Verben

	Passato remoto		Participio
80			
perdere verlieren	persi / perdei / -etti perdesti perse / perdé / -ette	perdemmo perdeste persero / perderono / perdettero	perso / perduto

Ho perso la chiave mentre facevo una passeggiata.
Ich habe den Schlüssel verloren, während ich einen Spaziergang machte.

perdere la pazienza	*die Geduld verlieren*
Lascia perdere!	*Lass gut sein!*
perdersi	*verloren gehen*
perdersi dietro a qu	*wegen jdn. den Kopf verlieren*

Die unregelmäßigen Formen persi, perse, persero, perso etc. sind geläufiger.

	Passato remoto		Participio
81			
piangere weinen	piansi piangesti pianse	piangemmo piangeste piansero	pianto

Sto piangendo dalla gioia di aver passato l'esame.
Ich weine aus Freude, die Prüfung bestanden zu haben.

far piangere qu	*jdm. zum Weinen bringen*
piangere qc	*etw. beweinen*
piangere dalla felicità /gioia	*vor Freude weinen*

	Passato remoto		Participio
82			
piovere regnen	— — piovve	— — piovvero	piovuto

Sta piovendo tutto il giorno.
Es regnet den ganzen Tag.

Piove a catinelle / dirotto.	*Es gießt in Strömen. / Es schüttet wie aus Eimern.*

Die zusammengesetzten Zeiten von piovere können sowohl mit essere als auch mit avere gebildet werden:

È / Ha piovuto.	*Es hat geregnet.*

83 **prendere** nehmen	**Passato remoto**		**Participio**
	presi	prendemmo	preso
	prendesti	prendeste	
	prese	presero	

Perché non prendi la macchina per fare la spesa?
Warum nimmst du nicht das Auto, um einkaufen zu gehen?

prendere il raffreddore	*sich erkälten*
passar a prendere qu	*jdn. abholen*
prendere paura	*sich erschrecken*
prendere un caffè con qu	*mit jdm. Kaffee trinken*
prendere alla lettera	*wörtlich nehmen*
prendere di mira qu	*es auf jdn. abgesehen haben*
Prendere o lasciare!	*Entweder oder! / Ja oder nein!*
Mi prendi in giro?	*Nimmst du mich auf den Arm?*
Non te la prendere!	*Reg dich nicht auf! Ärgere dich nicht!*

84 **redigere** verfassen	**Passato remoto**		**Participio**
	redassi	redigemmo	redatto
	redigesti	redigeste	
	redasse	redassero	

Il giornalista redige il testo del suo articolo.
Der Journalist verfasst den Text seines Artikels.

85 **redimere** erlösen	**Passato remoto**		**Participio**
	redensi	redimemmo	redento
	redimesti	redimeste	
	redense	redensero	

Cristo ha redento l'umanità.
Christus hat die Menschheit erlöst.

86 **resistere** aushalten	**Passato remoto**		**Participio**
	resistei / -etti	resistemmo	resistito
	resistesti	resisteste	
	resisté / -ette	resisterono / -ettero	

Questa pianta non resiste al freddo.
Diese Pflanze verträgt keine Kälte.

resistere a qc / qu	*etw. / jdm. widerstehen*

87 - 94 Weitere Verben

87

ridere
lachen

Passato remoto		Participio
risi	ridemmo	riso
ridesti	rideste	
rise	risero	

Leonardo è un tipo che fa ridere.
Leonardo ist jemand, der einen zum Lachen bringt.

Ma non farmi ridere!	*Dass ich nicht lache!*
Non c'è niente da ridere!	*Da gibt es nichts zu lachen!*

88

riflettere
widerspiegeln, nachdenken

Passato remoto		Participio
riflessi / riflettei	riflettemmo	riflesso / riflettuto
riflettesti	rifletteste	
riflesse / rifletté	riflessero / rifletterono	

Non mi disturbare! Devo riflettere.
Stör mich nicht! Ich muss nachdenken.

C'è poco da riflettere!
Da gibt es nicht viel zu überlegen!

Die unregelmäßigen Formen riflessi, riflesso etc. sind geläufiger.

89

rispondere
antworten

Passato remoto		Participio
risposi	rispondemmo	risposto
rispondesti	rispondeste	
rispose	risposero	

Non vuoi rispondere alla mia domanda?
Willst du meine Frage nicht beantworten?

rispondere al telefono	*ans Telefon rangehen*
rispondere male a qu	*jdm. eine freche / unverschämte Antwort geben*

90

rodere
nagen

Passato remoto		Participio
rosi	rodemmo	roso
rodesti	rodeste	
rose	rosero	

I topi di Amalia amano rodere il legno.
Die Mäuse von Amalia nagen gerne an Holz.

91

rompere
brechen

Passato remoto		Participio
ruppi	rompemmo	rotto
rompesti	rompeste	
ruppe	ruppero	

Raimondo si è rotto una gamba.
Raimondo hat sich ein Bein gebrochen.

rompere qc	*etw. kaputt machen*
rompersi	*kaputt gehen*
Quanto rompi!	*Du nervst vielleicht!*

92

scindere
spalten

Passato remoto		Participio
scissi	scindemmo	scisso
scindesti	scindeste	
scisse	scissero	

Il partito si scinde in due gruppi.
Die Partei spaltet sich in zwei Gruppen.

93

scrivere
schreiben

Passato remoto		Participio
scrissi	scrivemmo	scritto
scrivesti	scriveste	
scrisse	scrissero	

La figlia di Isabella sa già leggere e scrivere.
Die Tochter von Isabella kann schon lesen und schreiben.

scrivere qc	*etw. schreiben*
scrivere di / su qc	*über etw. schreiben*
scrivere a qu	*jdm. schreiben*
scrivere appunti	*sich Notizen machen*

94

sorgere
aufgehen,
sich erheben

Passato remoto		Participio
sorsi	sorgemmo	sorto
sorgesti	sorgeste	
sorse	sorsero	

Oggi il sole è sorto alle 7.15 e tramonta alle 16.55.
Die Sonne ist heute um 7.15 Uhr aufgegangen und geht um 16.55 Uhr unter.

Die zusammengesetzten Zeiten werden mit essere gebildet.

Weitere Verben

95	Passato remoto		Participio
spargere ausstreuen	sparsi spargesti sparse	spargemmo spargeste sparsero	sparso
	La notizia si è sparsa in tutto il quartiere. *Die Nachricht hat sich im ganzen Viertel verbreitet.*		

96	Passato remoto		Participio
stringere drücken	strinsi stringesti strinse	stringemmo stringeste strinsero	stretto
	Marta stringe i suoi figli fra le braccia. *Marta schließt ihre Kinder in die Arme.*		
	stringere la mano stringere la cinghia stringersi	*die Hand schütteln* *den Gürtel enger schnallen* *enger werden*	

97	Passato remoto		Participio
struggere (dahin)schmelzen	strussi struggesti strusse	struggemmo struggeste strussero	strutto
	Marcello si strugge per una spagnola. *Marcello schmachtet nach einer Spanierin.*		

98	Passato remoto		Participio
torcere drehen	torsi torcesti torse	torcemmo torceste torsero	torto
	Se lo vedo gli torco il collo. *Wenn ich ihn sehe, drehe ich ihm den Hals rum.*		

99	Passato remoto		Participio
vincere gewinnen	vinsi vincesti vinse	vincemmo vinceste vinsero	vinto
	Lorenzo ha vinto il concorso. *Lorenzo hat den Wettbewerb gewonnen.*		
	vincere qu vincere per uno a zero	*jdn. besiegen* *eins zu null gewinnen*	

100	Passato remoto		Participio
volgere wenden	volsi volgesti volse	volgemmo volgeste volsero	volto
	Mi volse le spalle e se ne andò. *Er kehrte mir den Rücken zu und ging weg.*		
	volgere adestra volgere al termine volgere le cose in burla volgersi contro qu / qc	*nach rechts abbiegen* *dem Ende zugehen* *die Dinge ins Lächerliche ziehen* *sich gegen jdn. / etw. richten*	

Tipp:

Bei den Verben mit unregelmäßigem Partizip sollten Sie diese zusammen mit dem Infinitiv lernen. Zu dieser Gruppe gehören auch einige sehr häufige Verben, lernen Sie also immer: mettere – messo (setzen, stellen legen), rompere – rotto (brechen) etc.

Sie können sich diese Formen auch auf kleine Karteikärtchen schreiben und diese so lernen, z. B. den Infinitiv und seine Übersetzung auf die Vorderseite und das Partizip auf die Rückseite.

101 **sentire**

Regelmäßiges Verb

hören, fühlen

Indicativo

Presente

sent**o**
sent**i**
sent**e**
sent**iamo**
sent**ite**
sẹnt**ono**

Passato prossimo

ho	sentito
hai	sentito
ha	sentito
abbiamo	sentito
avete	sentito
hanno	sentito

Imperfetto

sent**ivo**
sent**ivi**
sent**iva**
sent**ivamo**
sent**ivate**
sent**ịvano**

Trapassato prossimo

avevo	sentito
avevi	sentito
aveva	sentito
avevamo	sentito
avevate	sentito
avẹvano	sentito

Passato remoto

sent**ii**
sent**isti**
sent**ì**
sent**immo**
sent**iste**
sent**ịrono**

Trapassato remoto

ebbi	sentito
avesti	sentito
ebbe	sentito
avemmo	sentito
aveste	sentito
ẹbbero	sentito

Futuro semplice

sent**irò**
sent**irai**
sent**irà**
sent**iremo**
sent**irete**
sent**iranno**

Futuro anteriore

avrò	sentito
avrai	sentito
avrà	sentito
avremo	sentito
avrete	sentito
avranno	sentito

Congiuntivo

Presente

sent**a**
sent**a**
sent**a**
sent**iamo**
sent**iate**
sẹnt**ano**

Imperfetto

sent**issi**
sent**issi**
sent**isse**
sent**ịssimo**
sent**iste**
sent**ịssero**

Passato

abbia	sentito
abbia	sentito
abbia	sentito
abbiamo	sentito
abbiate	sentito
ạbbiano	sentito

Trapassato

avessi	sentito
avessi	sentito
avesse	sentito
avẹssimo	sentito
aveste	sentito
avẹssero	sentito

Condizionale

Presente

sent**irei**
sent**iresti**
sent**irebbe**
sent**iremmo**
sent**ireste**
sent**irẹbbero**

Passato

avrei	sentito
avresti	sentito
avrebbe	sentito
avremmo	sentito
avreste	sentito
avrẹbbero	sentito

Imperativo

—	
(tu)	sent**i**
(Lei)	sent**a**
(noi)	sent**iamo**
(voi)	sent**ite**
(loro)	sẹnt**ano**

Gerundio

Presente

sent**endo**

Passato

avendo sentito

Infinito

Passato

avere sentito

Participio

Passato

sent**ito**

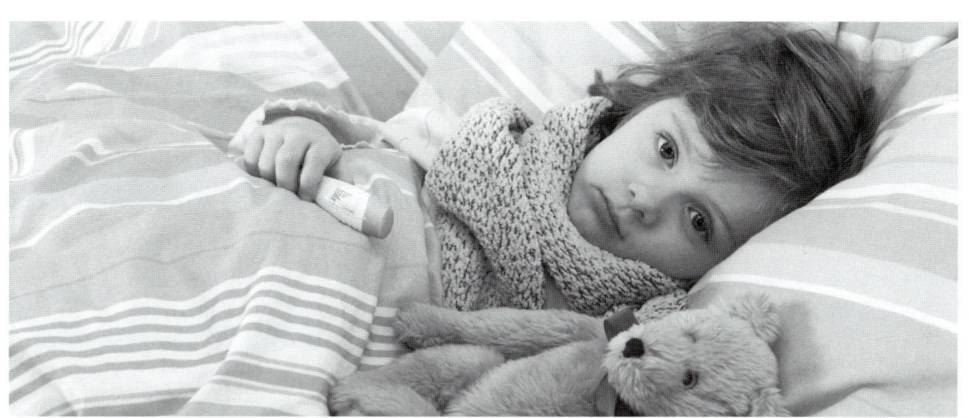

Beispiele und Wendungen

Mi sentite là in fondo o devo parlare più forte?
Hört ihr mich dort hinten oder soll ich lauter sprechen?

sentire qu / qc	*jdn. / etw. hören / fühlen / riechen / schmecken*
sentirsi bene / male	*sich gut / schlecht fühlen*
Ci sentiamo!	*Wir hören voneinander!*
Senti un po'!	*Hör mal!*

Weitere Verben

acconsentire - convertire - dormire - partire - vestire

acconsentire a qc	*etw. zustimmen*
convertire qu	*jdn. bekehren*
dormire bene / male	*gut / schlecht schlafen*
partire per Amburgo	*nach Hamburg abreisen*

Besonderheiten

Die regelmäßigen Endungen des Verbs sind in der Konjugationstabelle fett hervorgehoben.

Einige der Verben dieser Gruppe können auch nach dem Schema von capire konjugiert werden. Dazu zählen aborrire, applaudire, assorbire, dipartire, eseguire, inghiottire, languire, mentire, nutrire, ripartire, sbollire.

Einige Verben dieser Gruppe bilden das Partizip auf -ente und / oder -iente, z. B. dormire - dormente / dormiente, fuggire - fuggente / fuggito.

Tipp

Merken Sie sich den Unterschied zwischen sentire im Sinne von *hören / wahrnehmen* und ascoltare *zuhören*:

Valerio non mi sente.	*Valerio hört mich nicht.*
Valerio non mi ascolta.	*Valerio hört mir nicht zu.*

102 apparire

erscheinen

Indicativo

Presente	Passato prossimo		Imperfetto	Trapassato prossimo	
appaio / apparisco	sono	apparso	apparivo	ero	apparso
appari / apparisci	sei	apparso	apparivi	eri	apparso
appare / apparisce	è	apparso	appariva	era	apparso
appariamo	siamo	apparsi	apparivamo	eravamo	apparsi
apparite	siete	apparsi	apparivate	eravate	apparsi
appaiono / appariscono	sono	apparsi	apparivano	erano	apparsi

Passato remoto	Trapassato remoto		Futuro semplice	Futuro anteriore	
apparii / -arsi / -arvi	fui	apparso	apparirò	sarò	apparso
apparisti	fosti	apparso	apparirai	sarai	apparso
apparì / -arse / -arve	fu	apparso	apparirà	sarà	apparso
apparimmo	fummo	apparsi	appariremo	saremo	apparsi
appariste	foste	apparsi	apparirete	sarete	apparsi
apparirono / -arsero / -arvero	furono	apparsi	appariranno	saranno	apparsi

Congiuntivo

Presente	Imperfetto	Passato		Trapassato	
appaia / apparisca	apparissi	sia	apparso	fossi	apparso
appaia / apparisca	apparissi	sia	apparso	fossi	apparso
appaia / apparisca	apparisse	sia	apparso	fosse	apparso
appariamo	apparissimo	siamo	apparsi	fossimo	apparsi
appariate	appariste	siate	apparsi	foste	apparsi
appaiano / appariscano	apparissero	siano	apparsi	fossero	apparsi

Condizionale

Presente	Passato	
apparirei	sarei	apparso
appariresti	saresti	apparso
apparirebbe	sarebbe	apparso
appariremmo	saremmo	apparsi
apparireste	sareste	apparsi
apparirebbero	sarebbero	apparsi

Imperativo

—	
(tu)	appari / apparisci
(Lei)	appaia / apparisca
(noi)	appariamo
(voi)	apparite
(loro)	appaiano / appariscano

Gerundio

Presente	Passato
apparendo	essendo apparso

Infinito

Passato

essere apparso

Participio

Passato

apparso

Beispiele und Wendungen

Il comportamento di Fabio mi appare inadeguato.
Fabios Verhalten erscheint mir unangebracht.

In sogno gli è apparso un buon amico.
Im Traum ist ihm ein guter Freund erschienen.

apparire a qu	*jdm. erscheinen*
apparire strano / triste etc.	*seltsam / traurig etc. erscheinen*

Weitere Verben

comparire – scomparire

comparire a qu	*jdm. erscheinen*
scomparire	*verschwinden*

Besonderheiten

Die Verben dieser Gruppe können auch nach dem Schema von capire konjugiert werden (z. B. appare – apparisce), wobei die Formen ohne Stammerweiterung (z. B. appare) geläufiger sind. Beachten Sie bitte auch die 1. und 3. Person Singular und 3. Person Plural im Passato remoto, bei denen drei verschiedene Formen möglich sind (z. B. apparii – apparsi – apparvi). Die Endungen mit -v- (z. B. appar**v**e) sind hier etwas verbreiteter als die beiden anderen Varianten.

Tipp

Merken Sie sich auch die aus apparire abgeleiteten Wörter: z. B.

l'apparenza	*der (An)schein*
l'apparizione	*das Erscheinen, die Erscheinung*

öffnen

Indicativo

Presente	Passato prossimo		Imperfetto	Trapassato prossimo	
apro	ho	aperto	aprivo	avevo	aperto
apri	hai	aperto	aprivi	avevi	aperto
apre	ha	aperto	apriva	aveva	aperto
apriamo	abbiamo	aperto	aprivamo	avevamo	aperto
aprite	avete	aperto	aprivate	avevate	aperto
aprono	hanno	aperto	aprivano	avevano	aperto

Passato remoto	Trapassato remoto		Futuro semplice	Futuro anteriore	
aprii / apersi	ebbi	aperto	aprirò	avrò	aperto
apristi	avesti	aperto	aprirai	avrai	aperto
aprì / aperse	ebbe	aperto	aprirà	avrà	aperto
aprimmo	avemmo	aperto	apriremo	avremo	aperto
apriste	aveste	aperto	aprirete	avrete	aperto
aprirono / apersero	ebbero	aperto	apriranno	avranno	aperto

Congiuntivo

Presente	Imperfetto	Passato		Trapassato	
apra	aprissi	abbia	aperto	avessi	aperto
apra	aprissi	abbia	aperto	avessi	aperto
apra	aprisse	abbia	aperto	avesse	aperto
apriamo	aprissimo	abbiamo	aperto	avessimo	aperto
apriate	apriste	abbiate	aperto	aveste	aperto
aprano	aprissero	abbiano	aperto	avessero	aperto

Condizionale

Presente	Passato	
aprirei	avrei	aperto
apriresti	avresti	aperto
aprirebbe	avrebbe	aperto
apriremmo	avremmo	aperto
aprireste	avreste	aperto
aprirebbero	avrebbero	aperto

Imperativo

—	
(tu)	apri
(Lei)	apra
(noi)	apriamo
(voi)	aprite
(loro)	aprano

Gerundio

Presente	Passato
aprendo	avendo aperto

Infinito

Passato

avere aperto

Participio

Passato

aperto

Beispiele und Wendungen

Potresti aprire la finestra, per cortesia?
Würdest du bitte das Fenster öffnen?

Il supermercato è aperto dalle 9.00 alle 20.30.
Der Supermarkt ist von 9.00 Uhr bis 20.30 Uhr geöffnet.

aprire il libro / giornale	*das Buch / die Zeitung aufschlagen*
aprire l'acqua	*das Wasser aufdrehen*
aprire un negozio	*ein Geschäft eröffnen*

Weitere Verben

coprire - riaprire - scoprire

coprire qc	*etw. bedecken / zudecken*
riaprire un negozio	*ein Geschäft wiedereröffnen*
scoprire qc	*etw. entdecken*

Besonderheiten

Im Passato remoto sind in der 1. und 3. Person Singular und 3. Person Plural folgende Doppelformen möglich: aprii / apersi - aprì / aperse - aprirono / apersero. Die regelmäßigen Formen aprii - aprì - aprirono sind jedoch geläufiger.

Tipp

Merken Sie sich die Partizipien aperto *geöffnet* und chiuso *geschlossen* gut. In Italien kommt es oft vor, dass Banken und Geschäfte um die Mittagszeit geschlossen sind und erst spät am Nachmittag wieder öffnen.

verstehen

Regelmäßiges Verb mit Stammerweiterung -isc-

Indicativo

Presente
capisco
capisci
capisce
capiamo
capite
capiscono

Passato prossimo
ho capito
hai capito
ha capito
abbiamo capito
avete capito
hanno capito

Imperfetto
capivo
capivi
capiva
capivamo
capivate
capivano

Trapassato prossimo
avevo capito
avevi capito
aveva capito
avevamo capito
avevate capito
avevano capito

Passato remoto
capii
capisti
capì
capimmo
capiste
capirono

Trapassato remoto
ebbi capito
avesti capito
ebbe capito
avemmo capito
aveste capito
ebbero capito

Futuro semplice
capirò
capirai
capirà
capiremo
capirete
capiranno

Futuro anteriore
avrò capito
avrai capito
avrà capito
avremo capito
avrete capito
avranno capito

Congiuntivo

Presente
capisca
capisca
capisca
capiamo
capiate
capiscano

Imperfetto
capissi
capissi
capisse
capissimo
capiste
capissero

Passato
abbia capito
abbia capito
abbia capito
abbiamo capito
abbiate capito
abbiano capito

Trapassato
avessi capito
avessi capito
avesse capito
avessimo capito
aveste capito
avessero capito

Condizionale

Presente
capirei
capiresti
capirebbe
capiremmo
capireste
capirebbero

Passato
avrei capito
avresti capito
avrebbe capito
avremmo capito
avreste capito
avrebbero capito

Imperativo

—
(tu) capisci
(Lei) capisca
(noi) capiamo
(voi) capite
(loro) capiscano

Gerundio

Presente
capendo

Passato
avendo capito

Infinito

Passato
avere capito

Participio

Passato
capito

capire

verstehen

Beispiele und Wendungen

Stefano non ha capito una parola.
Stefano hat überhaupt nichts verstanden.

capire qc / qu	*etw. / jdn. verstehen*
capirsi	*sich verstehen*
farsi capire	*sich verständlich machen*
Si capisce!	*Das versteht sich von selbst!*

Weitere Verben

agire - chiarire - definire - dimagrire - distribuire - ferire - finire - garantire - impazzire - partorire - preferire - pulire - reagire - sostituire - spedire - tradire

chiarire qc	*etw. klären*
dimagrire di ... chili	*... Kilo abnehmen*
finire di fare qc	*aufhören, etw. zu tun*
spedire qc per fax	*etw. per Fax verschicken*

Besonderheiten

Zu dieser Gruppe gehören die Verben mit Stammerweiterung. Das bedeutet, dass im Präsens die Endungen an den Stamm mit -isc angehängt werden: z. B. capisco (cap + isc - o). Die 1. und 2. Person Plural werden allerdings ohne Stammerweiterung gebildet (capiamo, capite). Einige Verben dieser Gruppe bilden das Partizip auf -ente und / oder -iente, zum Beispiel: preferire - preferente / preferito.

Tipp

Es gibt eine Vielzahl an Verben mit Stammerweiterung. Merken Sie sich daher den Infinitiv immer mit der 1. Person Singular: z. B. finire - finisco etc.

nähen

Regelmäßiges Verb, aber -c- wird -ci- vor -a und -o

Indicativo

Presente	Passato prossimo		Imperfetto	Trapassato prossimo	
cucio	ho	cucito	cucivo	avevo	cucito
cuci	hai	cucito	cucivi	avevi	cucito
cuce	ha	cucito	cuciva	aveva	cucito
cuciamo	abbiamo	cucito	cucivamo	avevamo	cucito
cucite	avete	cucito	cucivate	avevate	cucito
cuciono	hanno	cucito	cucivano	avevano	cucito

Passato remoto	Trapassato remoto		Futuro semplice	Futuro anteriore	
cucii	ebbi	cucito	cucirò	avrò	cucito
cucisti	avesti	cucito	cucirai	avrai	cucito
cucì	ebbe	cucito	cucirà	avrà	cucito
cucimmo	avemmo	cucito	cuciremo	avremo	cucito
cuciste	aveste	cucito	cucirete	avrete	cucito
cucirono	ebbero	cucito	cuciranno	avranno	cucito

Congiuntivo

Presente	Imperfetto	Passato		Trapassato	
cucia	cucissi	abbia	cucito	avessi	cucito
cucia	cucissi	abbia	cucito	avessi	cucito
cucia	cucisse	abbia	cucito	avesse	cucito
cuciamo	cucissimo	abbiamo	cucito	avessimo	cucito
cuciate	cuciste	abbiate	cucito	aveste	cucito
cuciano	cucissero	abbiano	cucito	avessero	cucito

Condizionale

Presente	Passato	
cucirei	avrei	cucito
cuciresti	avresti	cucito
cucirebbe	avrebbe	cucito
cuciremmo	avremmo	cucito
cucireste	avreste	cucito
cucirebbero	avrebbero	cucito

Imperativo

—	
(tu)	cuci
(Lei)	cucia
(noi)	cuciamo
(voi)	cucite
(loro)	cuciano

Gerundio

Presente	Passato
cucendo	avendo cucito

Infinito

Passato

avere cucito

Participio

Passato

cucito

Beispiele und Wendungen
Mia zia ha imparato a cucire a scuola.
Meine Tante hat in der Schule nähen gelernt.

Questa camicia è stata cucita a mano.
Dieses Hemd wurde von Hand genäht.

cucire a mano	*mit der Hand nähen*
cucire a macchina	*mit der Maschine nähen*
saper cucire	*nähen können*
macchina da cucire	*Nähmaschine*

Weitere Verben
ricucire – scucire

ricucire qc	*etw. (zu-/zusammen-)nähen*
scucire qc	*etw. auftrennen*

Besonderheiten
Die Verben dieser Gruppe werden regelmäßig gebildet. Beachten Sie jedoch folgende Besonderheit:
-c- wird -ci- vor -a und -o (z. B. cu**ci**o, cu**ci**a)

Tipp
Merken Sie sich neben cucire noch weitere Handarbeiten:

lavorare a maglia	*stricken*
lavorare all'uncinetto	*häkeln*

stolz machen

Verb mit Stammerweiterung -isc- / Gerundio auf -**ie**ndo

Indicativo

Presente	Passato prossimo	
inorgoglisco	ho	inorgoglito
inorgoglisci	hai	inorgoglito
inorgoglisce	ha	inorgoglito
inorgogliamo	abbiamo	inorgoglito
inorgoglite	avete	inorgoglito
inorgogliscono	hanno	inorgoglito

Imperfetto	Trapassato prossimo	
inorgoglivo	avevo	inorgoglito
inorgoglivi	avevi	inorgoglito
inorgogliva	aveva	inorgoglito
inorgoglivamo	avevamo	inorgoglito
inorgoglivate	avevate	inorgoglito
inorgoglivano	avevano	inorgoglito

Passato remoto	Trapassato remoto	
inorgoglii	ebbi	inorgoglito
inorgoglisti	avesti	inorgoglito
inorgoglì	ebbe	inorgoglito
inorgoglimmo	avemmo	inorgoglito
inorgogliste	aveste	inorgoglito
inorgoglirono	ebbero	inorgoglito

Futuro semplice	Futuro anteriore	
inorgoglirò	avrò	inorgoglito
inorgoglirai	avrai	inorgoglito
inorgoglirà	avrà	inorgoglito
inorgogliremo	avremo	inorgoglito
inorgoglirete	avrete	inorgoglito
inorgogliranno	avranno	inorgoglito

Congiuntivo

Presente

inorgoglisca
inorgoglisca
inorgoglisca
inorgogliamo
inorgogliate
inorgogliscano

Imperfetto

inorgoglissi
inorgoglissi
inorgoglisse
inorgoglissimo
inorgogliste
inorgoglissero

Passato

abbia	inorgoglito
abbia	inorgoglito
abbia	inorgoglito
abbiamo	inorgoglito
abbiate	inorgoglito
abbiano	inorgoglito

Trapassato

avessi	inorgoglito
avessi	inorgoglito
avesse	inorgoglito
avessimo	inorgoglito
aveste	inorgoglito
avessero	inorgoglito

Condizionale

Presente

inorgoglirei
inorgogliresti
inorgoglirebbe
inorgogliremmo
inorgoglireste
inorgoglirebbero

Passato

avrei	inorgoglito
avresti	inorgoglito
avrebbe	inorgoglito
avremmo	inorgoglito
avreste	inorgoglito
avrebbero	inorgoglito

Imperativo

—	
(tu)	inorgoglisci
(Lei)	inorgoglisca
(noi)	inorgogliamo
(voi)	inorgoglite
(loro)	inorgogliscano

Gerundio

Presente

inorgogliendo

Passato

avendo inorgoglito

Infinito

Passato

avere inorgoglito

Participio

Passato

inorgoglito

inorgoglire

stolz machen

Beispiele und Wendungen

Mi inorgoglisco della laurea di mia figlia.
Ich bin stolz auf den Hochschulabschluss meiner Tochter.

Il successo di Simona inorgoglisce Andrea.
Simonas Erfolg macht Andrea stolz.

inorgoglire qu	*jdn. stolz machen*
inorgoglirsi di qc	*auf etw. stolz sein*

Besonderheiten

Inorgoglire gehört zu der Gruppe der Verben mit Stammerweiterung*. Das bedeutet, dass im Präsens die Endungen an den Stamm mit -isc angehängt werden: (inorgogl + isc - o). Die 1. und 2. Person Plural werden allerdings ohne Stammerweiterung gebildet (inorgogliamo, inorgoglite).
* Vgl. capire

Beachten Sie bitte die besondere Form des Gerundiums: inorgogl**i**endo.
Dieses Verb wird auch mit dem Hilfsverb essere konjugiert.

Tipp

Die Wendung inorgoglirsi di qc (*auf etw. stolz sein*) kann auch mit dem Adjektiv orgoglioso / a wiedergegeben werden:
Alessandra è orgogliosa del successo di suo figlio.
Alessandra ist auf den Erfolg ihres Sohnes stolz.

Die Bildung von Verben mit der Vorsilbe in- ist im Italienischen sehr verbreitet.
Die Bedeutung ist oftmals *jdn. zu etw. bringen*: z. B.

incoraggiare qu	*jdn. ermutigen*
incuriosire qu	*jdn. neugierig machen*

107 morire

sterben

Indicativo

Presente

muoio
muori
muore
moriamo
morite
muoiono

Passato prossimo

sono	morto
sei	morto
è	morto
siamo	morti
siete	morti
sono	morti

Imperfetto

morivo
morivi
moriva
morivamo
morivate
morivano

Trapassato prossimo

ero	morto
eri	morto
era	morto
eravamo	morti
eravate	morti
erano	morti

Passato remoto

morii
moristi
morì
morimmo
moriste
morirono

Trapassato remoto

fui	morto
fosti	morto
fu	morto
fummo	morti
foste	morti
furono	morti

Futuro semplice

mor(i)rò
mor(i)rai
mor(i)rà
mor(i)remo
mor(i)rete
mor(i)ranno

Futuro anteriore

sarò	morto
sarai	morto
sarà	morto
saremo	morti
sarete	morti
saranno	morti

Congiuntivo

Presente

muoia
muoia
muoia
moriamo
moriate
muoiano

Imperfetto

morissi
morissi
morisse
morissimo
moriste
morissero

Passato

sia	morto
sia	morto
sia	morto
siamo	morti
siate	morti
siano	morti

Trapassato

fossi	morto
fossi	morto
fosse	morto
fossimo	morti
foste	morti
fossero	morti

Condizionale

Presente

mor(i)rei
mor(i)resti
mor(i)rebbe
mor(i)remmo
mor(i)reste
mor(i)rebbero

Passato

sarei	morto
saresti	morto
sarebbe	morto
saremmo	morti
sareste	morti
sarebbero	morti

Imperativo

—	
(tu)	muori
(Lei)	muoia
(noi)	moriamo
(voi)	morite
(loro)	muoiano

Gerundio

Presente

morendo

Passato

essendo morto

Infinito

Passato

essere morto

Participio

Passato

morto

Beispiele und Wendungen

La nonna di Carlo è morta di vecchiaia.
Carlos Großmutter ist an Altersschwäche gestorben.

Il poeta Dante Alighieri morì nel 1321 a Ravenna.
Der Dichter Dante Alighieri starb im Jahr 1321 in Ravenna.

morire di qc	*an etw. sterben*
essere stanco da morire	*todmüde sein*
morire di fame / sete	*verhungern / verdursten*
avere una fame da morire	*einen Mordshunger haben*
morire di morte naturale	*eines natürlichen Todes sterben*
morire dal ridere	*sich totlachen*
morire per la libertà	*für die Freiheit sterben*

Besonderheiten

-o- wird -uo-
Im Indikativ Präsens und Konjunktiv sind die Formen mit -uo- zu beachten (z. B. m**uo**io, m**uo**ia). Die 1. und 2. Person Plural sind davon ausgenommen (m**o**riamo, m**o**rite). In den anderen Zeiten und Modi ist -o- im Verbstamm vorhanden.

Tipp

Lesen Sie die Formen laut vor und achten Sie auf die Betonungen. Fällt die Betonung auf -uo- (z. B. m**uọ**io) so liegt der Akzent stets auf dem -o-.
Vgl. muovere, nuocere, scuotere

108 **offrire**

anbieten

Indicativo

Presente
offro
offri
offre
offriamo
offrite
offrono

Passato prossimo
ho	offerto
hai	offerto
ha	offerto
abbiamo	offerto
avete	offerto
hanno	offerto

Imperfetto
offrivo
offrivi
offriva
offrivamo
offrivate
offrivano

Trapassato prossimo
avevo	offerto
avevi	offerto
aveva	offerto
avevamo	offerto
avevate	offerto
avevano	offerto

Passato remoto
offrii / offersi
offristi
offrì / offerse
offrimmo
offriste
offrirono / offersero

Trapassato remoto
ebbi	offerto
avesti	offerto
ebbe	offerto
avemmo	offerto
aveste	offerto
ebbero	offerto

Futuro semplice
offrirò
offrirai
offrirà
offriremo
offrirete
offriranno

Futuro anteriore
avrò	offerto
avrai	offerto
avrà	offerto
avremo	offerto
avrete	offerto
avranno	offerto

Congiuntivo

Presente
offra
offra
offra
offriamo
offriate
offrano

Imperfetto
offrissi
offrissi
offrisse
offrissimo
offriste
offrissero

Passato
abbia	offerto
abbia	offerto
abbia	offerto
abbiamo	offerto
abbiate	offerto
abbiano	offerto

Trapassato
avessi	offerto
avessi	offerto
avesse	offerto
avessimo	offerto
aveste	offerto
avessero	offerto

Condizionale

Presente
offrirei
offriresti
offrirebbe
offriremmo
offrireste
offrirebbero

Passato
avrei	offerto
avresti	offerto
avrebbe	offerto
avremmo	offerto
avreste	offerto
avrebbero	offerto

Imperativo

—	
(tu)	offri
(Lei)	offra
(noi)	offriamo
(voi)	offrite
(loro)	offrano

Gerundio

Presente
offrendo

Passato
avendo offerto

Infinito

Passato
avere offerto

Participio

Passato
offerto

Beispiele und Wendungen

Le posso offrire qualcosa da bere?
Kann ich Ihnen etwas zu Trinken anbieten?

Il direttore mi ha offerto un posto molto interessante.
Der Direktor hat mir eine sehr interessante Stelle angeboten.

offrire qc	*etw. (an)bieten*
offrire qc a qu	*jdm. etw. anbieten*
offrirsi di fare qc	*sich anbieten, etw. zu tun*

Weitere Verben

soffrire

soffrire di	*leiden an*
Mario soffre di asma.	*Mario leidet an Asthma.*

Besonderheiten

Im Passato remoto sind in der 1. und 3. Person Singular und 3. Person Plural folgende Doppelformen möglich: offrii / offersi – offrì / offerse – offrirono / offersero.
Die regelmäßigen Formen offrii – offrì – offrirono sind jedoch geläufiger.

Tipp

Merken Sie sich: Wenn Sie eine(n) Italiener(in) im Restaurant oder in der Bar zu etwas einladen und die Rechnung übernehmen möchten, sagen Sie einfach:

Stasera offro io.	*Heute Abend zahle ich/ übernehme ich die Rechnung.*

109 riempire

auffüllen

Indicativo

Presente
riempio
riempi
riempie
riempiamo
riempite
riempiono

Passato prossimo
ho	riempito
hai	riempito
ha	riempito
abbiamo	riempito
avete	riempito
hanno	riempito

Imperfetto
riempivo
riempivi
riempiva
riempivamo
riempivate
riempivano

Trapassato prossimo
avevo	riempito
avevi	riempito
aveva	riempito
avevamo	riempito
avevate	riempito
avevano	riempito

Passato remoto
riempii
riempisti
riempì
riempimmo
riempiste
riempirono

Trapassato remoto
ebbi	riempito
avesti	riempito
ebbe	riempito
avemmo	riempito
aveste	riempito
ebbero	riempito

Futuro semplice
riempirò
riempirai
riempirà
riempiremo
riempirete
riempiranno

Futuro anteriore
avrò	riempito
avrai	riempito
avrà	riempito
avremo	riempito
avrete	riempito
avranno	riempito

Congiuntivo

Presente
riempia
riempia
riempia
riempiamo
riempiate
riempiano

Imperfetto
riempissi
riempissi
riempisse
riempissimo
riempiste
riempissero

Passato
abbia	riempito
abbia	riempito
abbia	riempito
abbiamo	riempito
abbiate	riempito
abbiano	riempito

Trapassato
avessi	riempito
avessi	riempito
avesse	riempito
avessimo	riempito
aveste	riempito
avessero	riempito

Condizionale

Presente
riempirei
riempiresti
riempirebbe
riempiremmo
riempireste
riempirebbero

Passato
avrei	riempito
avresti	riempito
avrebbe	riempito
avremmo	riempito
avreste	riempito
avrebbero	riempito

Imperativo
—	
(tu)	riempi
(Lei)	riempia
(noi)	riempiamo
(voi)	riempite
(loro)	riempiano

Gerundio

Presente
riempiendo

Passato
avendo riempito

Infinito

Passato
avere riempito

Participio

Passato
riempito

Beispiele und Wendungen

La presenza dei miei amici mi riempie di gioia.
Die Anwesenheit meiner Freunde erfüllt mich mit Freude.

Ho dovuto riempire questo modulo per la domanda.
Ich musste dieses Formular für den Antrag ausfüllen.

riempire qc	*etw. (aus)füllen*
riempire il bicchiere	*das Glas füllen*
riempire qc di qc	*etw. mit etw. (auf)füllen*
riempire qu di qc	*jdn. mit etw. überhäufen / überschütten*
riempirsi	*sich füllen*

Weitere Verben

adempire - empire

adempire qc	*etw. erfüllen*
empire qc	*etw. (auf)füllen*
empirsi di qc	*sich mit etw. voll stopfen*

Besonderheiten

Beachten Sie die Formen, in denen ein zusätzliches -i- eingeschoben wird: riemp**i**o, riemp**i**e, riemp**i**ono, riemp**i**a, riemp**i**ano. Dies betrifft auch das Gerundium im Präsens: riemp**i**endo.

Tipp

Konjugieren Sie das Verb laut und achten Sie bei den unregelmäßigen Formen darauf, dass das -i- hörbar ist.

salire

-l- wird -lg-

(hinauf)steigen

Indicativo

Presente	Passato prossimo	
salgo	sono	salito
sali	sei	salito
sale	è	salito
saliamo	siamo	saliti
salite	siete	saliti
salgono	sono	saliti

Imperfetto	Trapassato prossimo	
salivo	ero	salito
salivi	eri	salito
saliva	era	salito
salivamo	eravamo	saliti
salivate	eravate	saliti
salivano	erano	saliti

Passato remoto	Trapassato remoto	
salii	fui	salito
salisti	fosti	salito
salì	fu	salito
salimmo	fummo	saliti
saliste	foste	saliti
salirono	furono	saliti

Futuro semplice	Futuro anteriore	
salirò	sarò	salito
salirai	sarai	salito
salirà	sarà	salito
saliremo	saremo	saliti
salirete	sarete	saliti
saliranno	saranno	saliti

Congiuntivo

Presente

salga
salga
salga
saliamo
saliate
salgano

Imperfetto

salissi
salissi
salisse
salissimo
saliste
salissero

Passato	
sia	salito
sia	salito
sia	salito
siamo	saliti
siate	saliti
siano	saliti

Trapassato	
fossi	salito
fossi	salito
fosse	salito
fossimo	saliti
foste	saliti
fossero	saliti

Condizionale

Presente

salirei
saliresti
salirebbe
saliremmo
salireste
salirebbero

Passato	
sarei	salito
saresti	salito
sarebbe	salito
saremmo	saliti
sareste	saliti
sarebbero	saliti

Imperativo

—	
(tu)	sali
(Lei)	salga
(noi)	saliamo
(voi)	salite
(loro)	salgano

Gerundio

Presente

salendo

Passato

essendo salito

Infinito

Passato

essere salito

Participio

Passato

salito

Beispiele und Wendungen

Rodolfo sale sul tetto per riparare l'antenna.
Rodolfo steigt auf das Dach, um die Antenne zu reparieren.

Il prezzo della benzina è di nuovo salito.
Der Benzinpreis ist schon wieder gestiegen.

salire le scale / il monte	*die Treppen / den Berg hinaufsteigen*
salire con l'ascensore	*den Aufzug nehmen*
salire sul treno / tram	*in den Zug / in die Straßenbahn einsteigen*

Weitere Verben

assalire - risalire

assalire qu	*jdn. angreifen*
risalire	*wieder hinaufsteigen*

Besonderheiten

-l- → -lg- (z. B. sa**lg**o, sa**lg**ono)
Die zusammengesetzen Zeiten können mit den Hilfsverben avere und essere gebildet werden: z. B.

Ho salito il Vesuvio.	*Ich habe den Vesuv bestiegen.* (mit direktem Objekt)
Sono salito sul treno.	*Ich bin in den Zug eingestiegen.* (ohne direktes Objekt)

Tipp
Lernen Sie salire zusammen mit rimanere, spegnere, tenere, valere und venire, da diese Verben im Präsens dieselbe Unregelmäßigkeit aufweisen:
sal**g**o - riman**g**o - spen**g**o - ten**g**o - val**g**o - ven**g**o
sal**g**ono - riman**g**ono - spen**g**ono - ten**g**ono - val**g**ono - ven**g**ono

udire

hören

betontes -u- wird -o-

Indicativo

Presente	Passato prossimo	
odo	ho	udito
odi	hai	udito
ode	ha	udito
udiamo	abbiamo	udito
udite	avete	udito
odono	hanno	udito

Imperfetto	Trapassato prossimo	
udivo	avevo	udito
udivi	avevi	udito
udiva	aveva	udito
udivamo	avevamo	udito
udivate	avevate	udito
udivano	avevano	udito

Passato remoto	Trapassato remoto	
udii	ebbi	udito
udisti	avesti	udito
udì	ebbe	udito
udimmo	avemmo	udito
udiste	aveste	udito
udirono	ebbero	udito

Futuro semplice	Futuro anteriore	
ud(i)rò	avrò	udito
ud(i)rai	avrai	udito
ud(i)rà	avrà	udito
ud(i)remo	avremo	udito
ud(i)rete	avrete	udito
ud(i)ranno	avranno	udito

Congiuntivo

Presente
oda
oda
oda
udiamo
udiate
odano

Imperfetto
udissi
udissi
udisse
udissimo
udiste
udissero

Passato	
abbia	udito
abbia	udito
abbia	udito
abbiamo	udito
abbiate	udito
abbiano	udito

Trapassato	
avessi	udito
avessi	udito
avesse	udito
avessimo	udito
aveste	udito
avessero	udito

Condizionale

Presente
ud(i)rei
ud(i)resti
ud(i)rebbe
ud(i)remmo
ud(i)reste
ud(i)rebbero

Passato	
avrei	udito
avresti	udito
avrebbe	udito
avremmo	udito
avreste	udito
avrebbero	udito

Imperativo

—	
(tu)	odi
(Lei)	oda
(noi)	udiamo
(voi)	udite
(loro)	odano

Gerundio

Presente	Passato
udendo	avendo udito

Infinito

Passato
avere udito

Participio

Passato
udito

Beispiele und Wendungen

Nel buio ho udito un grido.
Im Dunkeln habe ich einen Schrei gehört.

Hai udito la notizia?
Hast du die Nachricht erfahren?

udire qu / qc	*jdn. / etw. hören*
udire qc	*etw. erfahren*
udire un consiglio	*auf einen Rat hören*

Besonderheiten

-u- wird o-
Bei den Formen mit o- im Wortanlaut fällt die Betonung auf die erste Silbe:
ọdo, ọdi, ọde, ọdono, ọda, ọdano.

Tipp

Udire ist auf *hören* im Sinne von *wahrnehmen mit dem Gehör* beschränkt und wird im gesprochenen Italienisch meistens durch sentire ersetzt. Sentire kann neben *hören* noch weitere Wahrnehmungen ausdrücken. Dazu zählen *riechen*, *schmecken* und *fühlen*.

Merken Sie sich auch die aus udire abgeleiteten Begriffe:

l'udito	*Gehör, Hörsinn*
essere duro d'udito	*schwerhörig sein*
l'udienza	*Audienz*
l'uditore / l'uditrice	*Zuhörer / -in*
l'uditorio	*Zuhörerschaft, Auditorium*

ausgehen

betontes -u- wird -e-

Indicativo

Presente	Passato prossimo	
esco	sono	uscito
esci	sei	uscito
esce	è	uscito
usciamo	siamo	usciti
uscite	siete	usciti
escono	sono	usciti

Imperfetto	Trapassato prossimo	
uscivo	ero	uscito
uscivi	eri	uscito
usciva	era	uscito
uscivamo	eravamo	usciti
uscivate	eravate	usciti
uscivano	erano	usciti

Passato remoto	Trapassato remoto	
uscii	fui	uscito
uscisti	fosti	uscito
uscì	fu	uscito
uscimmo	fummo	usciti
usciste	foste	usciti
uscirono	furono	usciti

Futuro semplice	Futuro anteriore	
uscirò	sarò	uscito
uscirai	sarai	uscito
uscirà	sarà	uscito
usciremo	saremo	usciti
uscirete	sarete	usciti
usciranno	saranno	usciti

Congiuntivo

Presente
esca
esca
esca
usciamo
usciate
escano

Imperfetto
uscissi
uscissi
uscisse
uscissimo
usciste
uscissero

Passato	
sia	uscito
sia	uscito
sia	uscito
siamo	usciti
siate	usciti
siano	usciti

Trapassato	
fossi	uscito
fossi	uscito
fosse	uscito
fossimo	usciti
foste	usciti
fossero	usciti

Condizionale

Presente
uscirei
usciresti
uscirebbe
usciremmo
uscireste
uscirebbero

Passato	
sarei	uscito
saresti	uscito
sarebbe	uscito
saremmo	usciti
sareste	usciti
sarebbero	usciti

Imperativo

—	
(tu)	esci
(Lei)	esca
(noi)	usciamo
(voi)	uscite
(loro)	escano

Gerundio

Presente	Passato
uscendo	essendo uscito

Infinito

Passato
essere uscito

Participio

Passato
uscito

Beispiele und Wendungen

Daniele esce con i suoi amici verso le otto.
Daniele geht gegen acht Uhr mit seinen Freunden aus.

Il giornale non è uscito oggi.
Die Zeitung ist heute nicht erschienen.

uscire con qu	*mit jdm. ausgehen*
uscire a fare qc	*hinausgehen, um etw. zu tun*
uscire in bicicletta / macchina	*mit dem Fahrrad / Auto wegfahren*
uscire a piedi	*zu Fuß weggehen*
uscirne bene / male	*gut / schlecht davonkommen*

Weitere Verben

fuoriuscire – riuscire

fuoriuscire da qc	*aus etw. entweichen / strömen*
Non ci riesco!	*Ich schaffe es nicht!*

Besonderheiten

u- wird e-
Bei den Formen mit e- im Wortanlaut fällt die Betonung auf die erste Silbe:
esco, esci, esce, escono, esca, escano.

Tipp

Auf italienischen Autobahnen begegnet dem Reisenden häufig das Schild mit der Aufschrift uscita *Ausfahrt*. In öffentlichen Einrichtungen zeigt Ihnen der Hinweis uscita, wo sich der *Ausgang* befindet.

113 venire

kommen

Indicativo

Presente
vengo
vieni
viene
veniamo
venite
vengono

Passato prossimo
sono	venuto
sei	venuto
è	venuto
siamo	venuti
siete	venuti
sono	venuti

Imperfetto
venivo
venivi
veniva
venivamo
venivate
venivano

Trapassato prossimo
ero	venuto
eri	venuto
era	venuto
eravamo	venuti
eravate	venuti
erano	venuti

Passato remoto
venni
venisti
venne
venimmo
veniste
vennero

Trapassato remoto
fui	venuto
fosti	venuto
fu	venuto
fummo	venuti
foste	venuti
furono	venuti

Futuro semplice
verrò
verrai
verrà
verremo
verrete
verranno

Futuro anteriore
sarò	venuto
sarai	venuto
sarà	venuto
saremo	venuti
sarete	venuti
saranno	venuti

Congiuntivo

Presente
venga
venga
venga
veniamo
veniate
vengano

Imperfetto
venissi
venissi
venisse
venissimo
veniste
venissero

Passato
sia	venuto
sia	venuto
sia	venuto
siamo	venuti
siate	venuti
siano	venuti

Trapassato
fossi	venuto
fossi	venuto
fosse	venuto
fossimo	venuti
foste	venuti
fossero	venuti

Condizionale

Presente
verrei
verresti
verrebbe
verremmo
verreste
verrebbero

Passato
sarei	venuto
saresti	venuto
sarebbe	venuto
saremmo	venuti
sareste	venuti
sarebbero	venuti

Imperativo

—	
(tu)	vieni
(Lei)	venga
(noi)	veniamo
(voi)	venite
(loro)	vengano

Gerundio

Presente
venendo

Passato
essendo venuto

Infinito

Passato
essere venuto

Participio

Passato
venuto

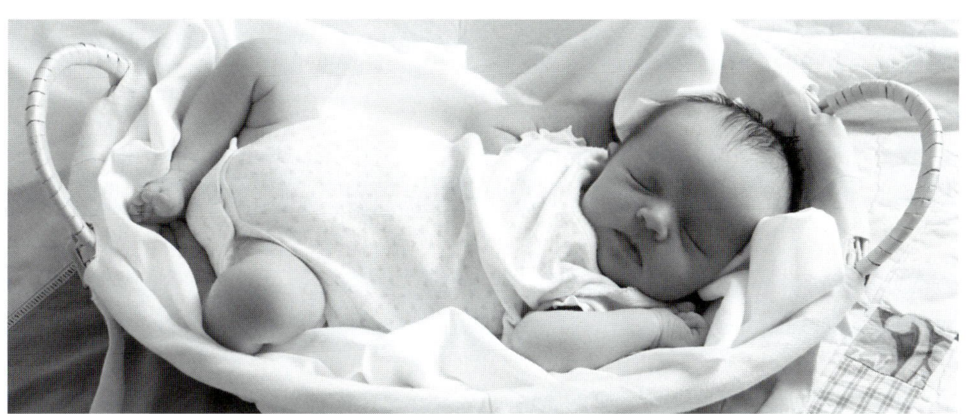

Beispiele und Wendungen

A che ora vengono i tuoi genitori?
Um wie viel Uhr kommen deine Eltern?

venire da Cagliari	*aus Cagliari kommen*
Quanto viene il libro?	*Wie viel kostet das Buch?*
Mi viene da piangere.	*Ich muss weinen.*
venire a trovare qu	*jdn. besuchen (kommen)*
venire alla luce	*auf die Welt kommen*
Non mi viene in mente.	*Es fällt mir nicht ein.*

Weitere Verben

avvenire - convenire - divenire - intervenire - prevenire - svenire

avvenire	*geschehen, sich ereignen*
prevenire qu	*jdm. zuvorkommen*
svenire	*ohnmächtig werden*

Besonderheiten

Im Futur und Konditional Präsens ist der Verbstamm verkürzt (vgl. verrò ↔ prend**e**rò, verrei ↔ prend**e**rei).
Das Verb venire wird auch zur Bildung des Vorgangspassivs verwendet. (siehe Nr. 115)

Tipp

Lernen Sie venire zusammen mit rimanere, salire, spegnere, tenere, und valere, da alle Verben im Präsens dieselbe Unregelmäßigkeit aufweisen:
ven**g**o- riman**g**o - sal**g**o - spen**g**o - ten**g**o - val**g**o
ven**g**ono - riman**g**ono - sal**g**ono- spen**g**ono - ten**g**ono - val**g**ono

essere preparato

Zustandspassiv

vorbereitet sein

Indicativo

Presente

sono	preparato
sei	preparato
è	preparato
siamo	preparati
siete	preparati
sono	preparati

Passato prossimo

sono	stato	preparato
sei	stato	preparato
è	stato	preparato
siamo	stati	preparati
siete	stati	preparati
sono	stati	preparati

Imperfetto

ero	preparato
eri	preparato
era	preparato
eravamo	preparati
eravate	preparati
erano	preparati

Trapassato prossimo

ero	stato	preparato
eri	stato	preparato
era	stato	preparato
eravamo	stati	preparati
eravate	stati	preparati
erano	stati	preparati

Passato remoto

fui	preparato
fosti	preparato
fu	preparato
fummo	preparati
foste	preparati
furono	preparati

Trapassato remoto

fui	stato	preparato
fosti	stato	preparato
fu	stato	preparato
fummo	stati	preparati
foste	stati	preparati
furono	stati	preparati

Futuro semplice

sarò	preparato
sarai	preparato
sarà	preparato
saremo	preparati
sarete	preparati
saranno	preparati

Futuro anteriore

sarò	stato	preparato
sarai	stato	preparato
sarà	stato	preparato
saremo	stati	preparati
sarete	stati	preparati
saranno	stati	preparati

Congiuntivo

Presente

sia	preparato
sia	preparato
sia	preparato
siamo	preparati
siate	preparati
siano	preparati

Imperfetto

fossi	preparato
fossi	preparato
fosse	preparato
fossimo	preparati
foste	preparati
fossero	preparati

Passato

sia	stato	preparato
sia	stato	preparato
sia	stato	preparato
siamo	stati	preparati
siate	stati	preparati
siano	stati	preparati

Trapassato

fossi	stato	preparato
fossi	stato	preparato
fosse	stato	preparato
fossimo	stati	preparati
foste	stati	preparati
fossero	stati	preparati

Condizionale

Presente

sarei	preparato
saresti	preparato
sarebbe	preparato
saremmo	preparati
sareste	preparati
sarebbero	preparati

Passato

sarei	stato	preparato
saresti	stato	preparato
sarebbe	stato	preparato
saremmo	stati	preparati
sareste	stati	preparati
sarebbero	stati	preparati

Imperativo

—		
(tu)	sii	preparato
(Lei)	sia	preparato
(noi)	siamo	preparati
(voi)	siate	preparati
(loro)	siano	preparati

Gerundio

Presente

essendo preparato

Passato

essendo stato preparato

Infinito

Passato

essere stato preparato

Participio

Passato

stato preparato

essere preparato

vorbereitet sein

Beispiele und Wendungen

La cena è preparata.
Das Abendessen ist zubereitet.

Il viaggio è stato preparato.
Die Reise ist vorbereitet worden.

Besonderheiten

Das Zustandspassiv wird mit essere + Partizip Perfekt gebildet und drückt in der Regel einen Zustand aus, d.h. es steht nicht die Handlung im Vordergrund, sondern deren Ergebnis.

Dabei richtet sich das Partizip in Genus und Numerus nach dem Subjekt:

Il cellulare è spento.	*Das Handy ist ausgeschaltet.*
La radio è spenta.	*Das Radio ist ausgeschaltet.*
I libri sono letti.	*Die Bücher sind gelesen.*
Le lettere sono lette.	*Die Briefe sind gelesen.*

Es kann auch in den zusammengesetzten Zeiten gebildet werden:

Il cellulare è stato spento.	*Das Handy ist ausgeschaltet worden.*
La radio è stata spenta.	*Das Radio ist ausgeschaltet worden.*
I libri sono stati letti.	*Die Bücher sind gelesen worden.*
Le lettere sono state lette.	*Die Briefe sind gelesen worden.*

Tipp

Bilden Sie Sätze nach dem oben angegeben Muster. Gehen Sie dabei alle Varianten durch (maskulin, feminin, Singular, Plural) und achten Sie stets auf die Endungen. Sie können dabei auf ganz alltägliche Dinge zurückgreifen: z. B. la lettera è scritta, il caffè è bevuto, i pantaloni sono lavati etc.

venire preparato

Vorgangspassiv

vorbereitet werden

Indicativo

Presente		Passato prossimo
vengo	preparato	—
vieni	preparato	—
viene	preparato	—
veniamo	preparati	—
venite	preparati	—
vengono	preparati	—

Imperfetto		Trapassato prossimo
venivo	preparato	—
venivi	preparato	—
veniva	preparato	—
venivamo	preparati	—
venivate	preparati	—
venivano	preparati	—

Passato remoto		Trapassato remoto
venni	preparato	—
venisti	preparato	—
venne	preparato	—
venimmo	preparati	—
veniste	preparati	—
vennero	preparati	—

Futuro semplice		Futuro anteriore
verrò	preparato	—
verrai	preparato	—
verrà	preparato	—
verremo	preparati	—
verrete	preparati	—
verranno	preparati	—

Congiuntivo

Presente	
venga	preparato
venga	preparato
venga	preparato
veniamo	preparati
veniate	preparati
vengano	preparati

Imperfetto	
venissi	preparato
venissi	preparato
venisse	preparato
venissimo	preparati
veniste	preparati
venissero	preparati

Passato
—
—
—
—
—
—

Trapassato
—
—
—
—
—
—

Condizionale

Presente	
verrei	preparato
verresti	preparato
verrebbe	preparato
verremmo	preparati
verreste	preparati
verrebbero	preparati

Passato
—
—
—
—
—
—

Imperativo

—		
(tu)	vieni	preparato
(Lei)	venga	preparato
(noi)	veniamo	preparati
(voi)	venite	preparati
(loro)	vengano	preparati

Gerundio

Presente	Passato
venendo preparato	—

Infinito

Passato
—

Participio

Passato
—

venire preparato

vorbereitet werden

Beispiele und Wendungen

Il discorso viene preparato.
Die Rede wird vorbereitet.

La lezione veniva preparata.
Der Unterricht wurde vorbereitet.

Besonderheiten

Das Vorgangspassiv wird mit venire + Partizip Perfekt gebildet und drückt einen Vorgang aus, etwas wird gerade von jemandem getan.
Das Partizip richtet sich in Genus und Numerus nach dem Subjekt:

Il lavoro verrà fatto.	*Die Arbeit wird gemacht werden.*
La stanza viene pulita.	*Das Zimmer wird geputzt.*
Gli amici vengono chiamati.	*Die Freunde werden angerufen.*
Le case venivano costruite.	*Die Häuser wurden gebaut.*

Tipp

Bilden Sie Sätze nach dem oben angegeben Muster. Gehen Sie dabei alle Varianten durch (maskulin, feminin, Singular, Plural) und achten Sie stets auf die Endungen. Sie können dabei auf ganz alltägliche Dinge zurückgreifen: z. B. il pranzo viene fatto, la porta viene chiusa, i compiti vengono fatti etc.

Beachten Sie den Unterschied zwischen Zustands- und Vorgangspassiv:
Essere + Partizip wird meist benutzt, um einen Zustand auszudrücken, während die Konstruktion venire + Partizip benutzt wird, um einen Vorgang auszudrücken, z. B.:

La porta è chiusa.	*Die Tür ist geschlossen / ist zu. (Zustand)*
La porta viene chiusa.	*Die Tür wird geschlossen. (Vorgang)*

lavarsi

sich waschen

Indicativo

Presente

mi	lavo
ti	lavi
si	lava
ci	laviamo
vi	lavate
si	lavano

Passato prossimo

mi	sono	lavato
ti	sei	lavato
si	è	lavato
ci	siamo	lavati
vi	siete	lavati
si	sono	lavati

Imperfetto

mi	lavavo
ti	lavavi
si	lavava
ci	lavavamo
vi	lavavate
si	lavavano

Trapassato prossimo

mi	ero	lavato
ti	eri	lavato
si	era	lavato
ci	eravamo	lavati
vi	eravate	lavati
si	erano	lavati

Passato remoto

mi	lavai
ti	lavasti
si	lavò
ci	lavammo
vi	lavaste
si	lavarono

Trapassato remoto

mi	fui	lavato
ti	fosti	lavato
si	fu	lavato
ci	fummo	lavati
vi	foste	lavati
si	furono	lavati

Futuro semplice

mi	laverò
ti	laverai
si	laverà
ci	laveremo
vi	laverete
si	laveranno

Futuro anteriore

mi	sarò	lavato
ti	sarai	lavato
si	sarà	lavato
ci	saremo	lavati
vi	sarete	lavati
si	saranno	lavati

Congiuntivo

Presente

mi	lavi
ti	lavi
si	lavi
ci	laviamo
vi	laviate
si	lavino

Imperfetto

mi	lavassi
ti	lavassi
si	lavasse
ci	lavassimo
vi	lavaste
si	lavassero

Passato

mi	sia	lavato
ti	sia	lavato
si	sia	lavato
ci	siamo	lavati
vi	siate	lavati
si	siano	lavati

Trapassato

mi	fossi	lavato
ti	fossi	lavato
si	fosse	lavato
ci	fossimo	lavati
vi	foste	lavati
si	fossero	lavati

Condizionale

Presente

mi	laverei
ti	laveresti
si	laverebbe
ci	laveremmo
vi	lavereste
si	laverebbero

Passato

mi	sarei	lavato
ti	saresti	lavato
si	sarebbe	lavato
ci	saremmo	lavati
vi	sareste	lavati
si	sarebbero	lavati

Imperativo

—	
(tu)	lavati
(Lei)	si lavi
(noi)	laviamoci
(voi)	lavatevi
(loro)	si lavino

Gerundio

Presente

lavandosi

Passato

essendosi lavato

Infinito

Passato

essersi lavato

Participio

Passato

lavatosi

Beispiele und Wendungen

Mi lavo con l'acqua fredda.
Ich wasche mich mit kaltem Wasser.

lavarsi con qc	*sich mit etw. waschen*
lavarsi le mani / la faccia	*sich die Hände / das Gesicht waschen*
lavarsi i denti	*sich die Zähne putzen*

Besonderheiten

Reflexive Verben werden in den zusammengesetzten Zeiten in der Regel mit essere konjugiert.
Das Partizip Perfekt muss dem Subjekt in Genus und Numerus angeglichen werden:

Mi sono lavato / a.	*Ich habe mich gewaschen.*
I ragazzi si sono lavati.	*Die Jungen haben sich gewaschen.*

Wenn das reflexive Verb in Verbindung mit einem Modalverb (dovere, potere, volere) steht, gibt es zwei Möglichkeiten:
Das Reflexivpronomen steht vor dem Hilvsverb → Bildung mit essere:

Lucia si è voluta lavare.	*Lucia wollte sich waschen.*

Das Reflexivpronomen wird an den Infinitiv gehängt → Bildung mit avere:

Lucia ha voluto lavarsi.	*Lucia wollte sich waschen.*

Tipp

Üben Sie doch die reflexiven Verben indem Sie beispielsweise Ihre morgendlichen Aktivitäten durchgehen. Sie werden sehen, dass Sie dabei auf einige dieser Verben stoßen werden: z. B. svegliarsi *aufwachen*, alzarsi *aufstehen*, vestirsi *sich anziehen*, lavarsi *sich waschen*, pettinarsi *sich kämmen*, farsi la barba *sich rasieren*, truccarsi *sich schminken*. Schreiben Sie doch mal Ihren Tagesablauf auf: Mi sono svegliato / a, mi sono alzato / a...

Präpositionen der häufigsten Verben

Dem Italienischlernenden kann der Gebrauch der richtigen Präposition nach einem Verb ob mit oder ohne Infinitiv Schwierigkeiten bereiten. Die folgende Auswahl berücksichtigt daher vor allem Verben, die im Italienischen eine andere Präposition führen als im Deutschen.

Verwendete Abkürzungen:
qc = qualcosa (etwas), qu = qualcuno (jemand / jemanden / jemandem)
etw. = etwas, jd = jemand, jdm = jemandem, jdn = jemanden

abusare **di** qc / qu *etw. / jdn missbrauchen*	Abusare dell'alcool può essere molto pericoloso.
accontentarsi **di** qc *sich mit etw. zufrieden geben*	Mi accontento di starti vicino.
accorgersi **di** qc *etw. (be)merken*	Sua madre si accorge di tutto.
accusare qu **di** qc *jdn einer Sache beschuldigen*	Quell'uomo è stato accusato di furto.
adattarsi **a** fare qc *sich (damit) abfinden, etw. zu tun*	Giulia si è dovuta adattare a vivere al piano terra.
aiutare qu **a** fare qc *jdm helfen, etw. zu tun*	Se vuoi, ti aiuto a preparare le valige.
andare **a** fare qc *etw. tun gehen*	Vado a fare la spesa.
approffittare **di** qc / qu *von etw. / jdm profitieren*	Se non ti dispiace, approffitto della tua gentilezza.
aprofittare **di** qc *etw. (aus)nutzen*	Oliver approfitta dell'assenza dei suoi genitori per fare grandi feste.
arrabbiarsi **con** qu **per** qc *sich über jdn wegen etw. ärgern*	Mi sono arrabbiata con Sandro per il suo disordine.
ascoltare qu / qc *jdm / einer Sache zuhören*	Ogni sera a mezzanotte ascolto le notizie in italiano.
aspettare qu / qc *auf jdn / etw. warten*	Li ho aspettati fino alle 10 e poi me ne sono andata.
aspettare **di** fare qc *(darauf) warten, etw. zu tun*	Aspetto di andare in pensione e poi faccio il giro del mondo.
assistere **a** qc *einer Sache beiwohnen, an etw. teilnehmen*	Ho assistito anch'io all'ultimo concerto di Luciano Pavarotti.
assistere qu *jdm beistehen / helfen*	Quando mio padre era malato l'ho assistito io.
astenersi **da** qc *sich einer Sache enthalten*	Qualcuno si è astenuto dalle votazioni.

attenersi **a** qc *sich an etw. halten*	Per favore attenetevi alle istruzioni!
augurare qc **a** qu *jdm etw. wünschen*	Ti auguro delle belle vacanze.
augurare **a** qu **di** fare qc jdm wünschen, etw. zu tun	Ti auguro di fare belle vacanze.
augurarsi **di** fare qc *sich wünschen, etw. zu tun*	Mi auguro di rivederti presto.
basarsi **su** qc *sich auf etw. stützen*	Spesso è utile basarsi sul proprio intuito.
cedere **a** qu / qc *jdm / einer Sache nachgeben*	Ho dovuto cedere alla sua insistenza.
cercare **di** fare qc *versuchen, etw. zu tun*	Cercava di aiutarlo, ma lui non voleva.
chiedere qc **a** qu *jdn um etw. bitten*	Giusi mi ha chiesto la macchina per sabato.
chiedere **di** qu *nach jdm fragen*	Adam ha chiesto di te.
chiedere **a** qu **di** fare qc *jdn bitten, etw. zu tun*	Giusi mi ha chiesto di prestarle la macchina.
cominciare / ricominciare **da** qc *bei etw. anfangen*	„Ricomincio da 3" è il primo film di Massimo Troisi.
cominciare **a** fare qc *beginnen, etw. zu tun*	Piano piano, comincio a capire come sei fatto.
commerciare **in** qc *mit etw. handeln*	Il signor Tommasini commercia in stoffe e pellami.
comporsi **di** qc *aus etw. bestehen*	La commissione di esame si compone di 5 membri.
confessare qc **a** qu *jdm etw. gestehen*	Ti confesso la mia ignoranza.
confessare **a** qu **di** fare qc *jdm gestehen, etw. zu tun*	Ti confesso di non capire niente.
confidarsi **con** qu *sich jdm anvertrauen*	Quando ho problemi mi confido sempre con la mia amica Gloria.
congratularsi **con** qu **di** / **per** qc *jdm zu etw. gratulieren*	Mi congratulo con te per i tuoi bellissimi voti.
consigliare qc **a** qu *jdm etw. empfehlen*	Le consiglio gli gnocchi alla salvia.
consigliare **a** qu **di** fare qc *jdm raten, etw. zu tun*	Le consiglio di provare questi gnocchi.
consistere **di** qc *aus etw. bestehen*	La casa consiste di tre stanze.
consistere **in** qc *in / aus etw. bestehen*	In che cosa consiste la differenza?

continuare **a** fare qc *weiterhin etw. tun*	Paolo continua a dirmi che mi ama, ma io non ci credo.
contribuire **a** qc *zu etw. beitragen*	Contribuiamo anche noi alla salvaguardia dell'ambiente!
convincere qu **di** qc *jdn von etw. überzeugen*	L'ho convinto della mia innocenza.
convincere qu **a** fare qc *jdn überreden, etw. zu tun*	Mi ha convinto a partire con lui.
costringere qu **a** fare qc *jdn zwingen, etw. zu tun*	Non mi costringere a prendere provvedimenti.
credere **a** qu / qc *jdm / einer Sache glauben*	Credo ciecamente alla sua versione dei fatti.
credere **in** qu / qc *an jdn / etw. glauben*	Giovanni crede molto in Dio.
credere **di** avere fatto qc *glauben, etw. getan zu haben*	Credevo di avere capito tutto ma non era vero.
decidere **di** fare qc *beschließen, etw. zu tun*	Mimma ha deciso di diventare più ordinata.
dichiarare **di** fare qc *erklären, etw. zu tun*	L'accusato ha dichiarato di essere innocente.
dimenticare **di** fare qc *vergessen, etw. zu tun*	Ho dimenticato di telefonare a Francesca.
dire qc **a** qu *jdm etw. sagen*	Dimmi tutta la verità!
dire **a** qu **di** fare qc *jdn bitten, etw. zu tun*	Gli ho detto di non telefonarmi più.
discutere **di / su** qc *über etw. diskutieren*	Abbiamo discusso di politica tutta la notte.
disporre **di** qc / qu *über etw. / jdn verfügen*	Non disponevo di molti soldi quando ero studentessa.
distinguersi **da** qu / qc *sich von jdm / etw. unterscheiden*	La cucina francese si distingue dalle altre per la sua raffinatezza.
distinguersi **per** qc *sich in / durch etw. unterscheiden*	Monica si distingue sempre per la sua eleganza.
domandare **di** qu *nach jdm fragen*	Non domandare sempre di Alessandra, è partita per l'America.
domandare qc **a** qu *jdn um etw. bitten*	Domando la chiave a mia madre.
dubitare **di** qu / qc *an jdm / etw. zweifeln*	Gianni dubita sempre di sè stesso e delle sue capacità.
evitare **di** fare qc *vermeiden, etw. zu tun*	Evitiamo di fare tardi stasera, se è possibile!

fidarsi **di** qu *jdm vertrauen*	Mi fido ciecamente di Giuliano.
fingere **di** fare qc *so tun, als ob*	Fingeva di non capire ma si vedeva che non era vero.
finire **di** fare qc *aufhören, etw. zu tun*	Quando ho finito di studiare vado in Brasile.
fondarsi **su** qc *sich auf etw. stützen*	Ciò si fonda sul fatto che non tutti hanno capito quello che ho detto.
fregarsene **di** qu / qc *auf jdn / etw. pfeifen*	Non me ne frega niente della sua situazione.
giurare **di** fare qc *schwören, etw. zu tun*	L'accusato ha giurato di essere innocente.
guardarsi **da** qu / qc *sich vor jdm / etw. hüten*	Ragazzi, guardatevi dalle cattive compagnie!
illudersi **di** essere qc *sich vormachen, etw. zu sein*	Si illudeva di essere il più bravo.
imparare qc **da** qu *etw. von jdm lernen*	Ho imparato l'ungherese da un mio amico.
imparare **a** fare qc *etw. zu tun lernen*	Devi imparare ad ascoltare prima di parlare.
impedire **a** qu **di** fare qc *jdn (daran) hindern, etw. zu tun*	Mia madre mi ha impedito di venire alla tua festa.
incominciare **a** fare qc *beginnen, etw. zu tun*	Oggi incomincio a lavorare nella ditta di mio padre.
incoraggiare qu **a** fare qc *jdn ermutigen, etw. zu tun*	Roberta incoraggiava sempre sua figlia a studiare di più.
informarsi **su / di** qc / qu *sich über etw. / jdn informieren*	Dopo mi informo sugli orarai dei treni per Udine.
insegnare qc **a** qu *jdn etw. lehren*	Insegno l'italiano ai tedeschi dal 1978.
insegnare **a** qu **a** fare qc *jdm beibringen, etw. zu tun*	Se vuoi, ti insegno a usare il computer.
insistere **su** qc *auf etw. bestehen*	Insisto ancora una volta sulle mie proposte.
intendersi **di** qc *sich in etw. auskennen*	Mi intendo molto di fotografia.
interessarsi **di** qu / qc *sich für jdn / etw. interessieren*	Mi interesso molto di letteratura.
innamorarsi **di** qu / qc *sich in jdn / etw. verlieben*	Mi sono innamorata di Raffaele e soprattutto della sua sincerità.
invitare qu **a** qc *jdn zu etw. einladen*	Il 14 luglio vorrei invitarti alla mia festa di compleanno.
invitare qu **a** fare qc *jdn bitten, etw. zu tun*	Ti invito a parlare più lentamente.

iscriversi **a** qc *sich bei etw. anmelden*	Mi sono iscritta all'Università di Venezia.
lamentarsi **di** qc / qu *sich über etw. / jdn beklagen*	Gianna si lamenta sempre del suo lavoro.
limitarsi **a** qc *sich auf etw. beschränken*	Dovremmo limitarci all'essenziale.
limitarsi **a** fare qc *sich (darauf) beschränken, etw. zu tun*	Mi limiterò a dire ...
meritare **di** fare qc *verdienen, etw. zu tun*	Sandro non merita di essere trattato così male.
mettersi **a** fare qc *beginnen, etw. zu tun*	Domani mi metto a studiare per l'esame di francese.
occuparsi **di** qu / qc *sich um jdn / etw. kümmern*	Mi occupo di linguistica.
parlare **con** qu **di** qc / qu *mit jdm über etw. / jdn sprechen*	Ieri ho parlato con Gloria del suo ragazzo.
partecipare **a** qc *an etw. teilnehmen*	L'Italia ha partecipato ai mondiali di calcio.
pensare **a** qu / qc *an jdn / etw. denken*	Penso spesso a Daniele e alle nostre vacanze in Sardegna.
pensare qc **di** qu / qc *etw. von jdm / etw. halten*	Che cosa pensi degli Italiani e della loro mentalità?
pensare **di** fare qc *vorhaben, etw. zu tun*	Quando pensi di partire?
perdonare qc **a** qu *jdm etw. verzeihen*	La signora Rossi perdona sempre i ritardi **a** suo marito.
perdonare qu **di** avere fatto qc *jdm verzeihen, etw. getan zu haben*	Va beh', ti perdono di avermi fatto aspettare così tanto.
pregare qu **di** fare qc *jdn bitten, etw. zu tun*	Ti prego di venire puntuale, stasera.
preoccuparsi **di** / **per** qu / qc *um jdn / etw. besorgt sein*	Non ti preoccupare per me, sto bene.
preoccuparsi **di** fare qc *sich bemühen, etw. zu tun*	Maurizio si preoccupa sempre di essere gentile.
prepararsi **a** qc *sich auf etw. vorbereiten*	Massimo si sta preparando alla visita di sua madre.
promettere qc **a** qu *jdm etw. versprechen*	Mi promette la luna e poi non succede mai niente.
promettere **di** fare qc *versprechen, etw. zu tun*	Ti prometto di non parlare più di Roberto.
proporsi **di** fare qc *sich vornehmen, etw. zu tun*	Mi propongo sempre di essere ordinata e poi...

proteggere qu / qc **da** qu / qc *jdn / etw. vor jdm / etw. schützen*	L'ombrello ci protegge dalla pioggia.
provare **a** fare qc *versuchen, etw. zu tun*	Provo a cercarlo sul lavoro.
provvedere **a** qc / qu *für etw. / jdn sorgen*	Non ti preoccupare, provvedo a tutto io!
raccontare qc **a** qu *jdm etw. erzählen*	Mimma mi ha raccontato che Flavia è già partita.
raccontare **di** qc / qu *von / über etw. / jdn erzählen*	Se vuoi ti racconto della mia infanzia in Italia.
rassegnarsi **a** fare qc *sich (damit) abfinden, etw. zu tun*	Gaia si è rassegnata a partire soltanto il 30 agosto.
reagire **a** qc / qu *auf etw. / jdn reagieren*	Devi reagire a questa situazione.
riconoscere qu / qc **da** qc *jdn / etw. an etw. erkennen*	L'ho riconosciuto dalla voce.
ricordare qc **a** qu *jdn an etw. erinnern*	Ti ricordo il tuo appuntamento con Daniel domani sera.
ricordarsi **di** qc *sich an etw. erinnern*	Mi devo assolutamente ricordare del compleanno di Paola.
ricordare / ricordarsi **di** fare qc *sich (daran) erinnern, etw. zu tun*	Mi devo ricordare di passare dal giornalaio.
riempire qc **di** qc *etw. mit etw. füllen*	Riempio la mia stanza di cose inutili.
rifiutare / rifiutarsi **di** fare qc *sich weigern, etw. zu tun*	Roberto si è rifiutato di aiutare sua moglie.
ringraziare qu **di / per** qc *jdn für etw. danken*	Ti ringrazio molto per la / della tua pazienza.
rinunciare **a** qc *auf etw. verzichten*	Quest'anno non voglio rinunciare alle vacanze in Italia.
rischiare **di** fare qc *riskieren, etw. zu tun*	Rischiamo di perdere l'aereo se non ci muoviamo.
rispondere **a** qu *jdm antworten*	Gli ho risposto di no.
rispondere **a** qc *etw. beantworten*	Rispondo sempre alle lettere che ricevo.
rispondere **di** qu / qc *für jdn / etw. bürgen*	Rispondo io dei miei figli.
ritornare **su** qc *auf etw. zurückkommen*	Se vuoi, ritorniamo sull'argomento.
sapere qc **di** qu / qc *etw. von jdm / etw. wissen*	Tutto quello che so di lui, è che è molto simpatico.
sapere qc **da** qu *etw. von jdm erfahren*	Ho saputo tutto da mio fratello.

sapere **di** qc *nach etw. schmecken*	Questa minestra sa di bruciato.
scusarsi **con** qu **di** / **per** qc *sich bei jdm für etw. entschuldigen*	Mimmo si è scusato con lei per non averla più chiamata.
servire qu *jdm dienen*	Perché servire sempre i potenti?
servire qc *etw. servieren*	Ada mi ha servito un tiramisù favoloso.
servire **a** qc *zu etw. dienen*	A che cosa mi serve questa cosa?
servire **da** qc *als etw. dienen*	Questo locale serve da magazzino.
servirsi **di** qc *etw. benutzen*	Quando posso mi servo sempre dei mezzi pubblici.
sognare (**di**) qu / qc *von jdm / etw. träumen*	Ho sognato (di) una spiaggia bellissima e (di) un ragazzo stupendo.
sognarsi **di** fare qc *sich einfallen lassen, etw. zu tun*	Non ti sognerai mica di uscire con questo tempo!?
sospettare qu **di** qc *jdn einer Sache verdächtigen*	La signora Bianchi sospetta suo marito di tradimento.
sospettare qc **in** qu *etw. bei jdm vermuten*	Non sospettavo tanta pazienza in lui.
sostituire qu / qc **a** / **con** qu / qc *jdn / etw. durch jdn / etw. ersetzen*	Bisogna sostituire la lampadina fulminata con una alogena.
telefonare **a** qu *mit jdm telefonieren, jdn anrufen*	Telefono a Renato e poi ti faccio sapere.
temere **di** fare qc *fürchten, etw. zu tun*	Temeva di arrivare troppo tardi.
tentare **di** fare qc *versuchen, etw. zu tun*	Ho tentato di imparare l'ungherese ma è una lingua molto difficile.
tradurre qc **da** qc *etw. aus etw. übersetzen*	Devo tradurre questo testo dall'inglese.
trattare / trattarsi **di** qc *von etw. handeln /* *sich um etw. handeln*	Qui si tratta di vita o di morte!
vantarsi **di** qc *sich einer Sache rühmen*	Lui si vanta sempre della sua bellezza.
vendicarsi **di** qc *sich für etw. rächen*	Giuseppe si è vendicato del torto subito.
vergognarsi **di** qu / qc *sich jds / einer Sache schämen*	Non ti vergognare mai delle tue origini.

Übungen zu den wichtigsten Verben

1 Schreiben Sie die **Präsensformen** der vorgegebenen Verben in die Lücken.

a. Il signor Rossi (parlare) ______________ con Chiara.

b. (vendere, noi) ______________ vini.

c. (conoscere, io) ______________ bene la Toscana.

d. Scusi, ma che cosa (intendere) ______________ ?

e. Ciao Franco, come (stare) ______________ ?

f. Laura, (essere) ______________ a casa.

g. (arrivare, io) ______________ domani.

2 Ergänzen Sie die zwei Tabellen mit den Konjugationsformen von **dormire** und **capire**. Sie erhalten so zwei Muster für die Verben auf **-ire**, mit und ohne Stammerweiterung. Beachten Sie dabei die übliche Reihenfolge, von der 1. Person Singular zur 3. Person Plural. Tipp: **dormire** konjugieren Sie wie **sentire**!

dormire	**capire**
dormo	______________
______________	______________
______________	capisce
______________	______________
dormite	______________
______________	______________

3 Schreiben Sie die konjugierte Präsensform von **potere** oder **dovere** auf die Linien. Achten Sie auf das vorgegebene Personalpronomen.

a. dovere, io ______________

b. potere, tu ______________

c. potere, lui ______________

d. dovere, noi ______________

e. potere, voi ______________

f. dovere, loro ______________

4 Ergänzen Sie die Sätze mit den Präsensformen von **venire**.

a. ______________ anche tu da Marco?

b. ______________ da Venezia, sono italiano.

c. Carla ______________ da noi alle quattro.

d. ______________ anche voi a teatro?

e. Allora, noi ______________ alle nove, va bene?

f. Franco e Paola ______________ qui alle sette.

5 Ergänzen Sie die Sätze mit den Präsensformen von **andare**.

a. Vittorio e Franco ______________ all'aeroporto.

b. Anna ______________ ad Amburgo.

c. Stai qui o ______________ a casa?

d. Adesso noi ______________ al bar, e voi?

e. Alle quattro io ______________ da Marta.

f. Ma voi ______________ a Bari domani?

6 Lesen Sie die Sätze und ergänzen Sie sie mit den fehlenden Formen des **Passato prossimo**.

a. Stamattina Laura (fare) ______________ colazione presto.

b. Oggi, dopo pranzo, (bere, io) ______________ un caffè.

c. Ieri non (leggere, noi) ______________ il giornale.

d. A che ora (finire, voi) ______________ di lavorare?

e. (telefonare, tu) ______________ a Manuela?

f. Dopo il lavoro, Sandro (preparare) ______________ la cena.

g. I Bianchi (vendere) ______________ la loro casa.

h. Ieri sera (guardare, io) ______________ un film alla televisione.

7 Lesen Sie die Sätze und setzen Sie die fehlenden **Hilfsverben** in die Lücken.

ha sono ho siete abbiamo avete è sei

a. Stamattina vi ________ alzate presto.

b. Enzo ________ cercato un ristorante italiano.

c. I Giotto ________ tornati ieri dalle vacanze.

d. Noi ________ nuotato tutto il giorno.

e. Il film ________ durato due ore.

f. E voi, ________ rivisto Pamela?

g. Tu ________ piaciuto molto al signor Bini.

h. Io ________ camminato fino a qui.

8 Lesen Sie folgende Sätze und schreiben Sie dann die entsprechenden Formen des **Passato prossimo** in die jeweiligen Zeilen.

Überlegen Sie, ob Sie das Hilfsverb **essere** oder **avere** benutzen.

a. I signori Simonetti viaggiano molto.

____

b. Marina rimane da noi due settimane.

____

c. Che cosa prendi come secondo?

____

d. A Mirco piacciono tanto i cioccolatini.

____

e. Secondo me fai troppe fotografie.

____

f. Luca, perché non vieni a Milano?

____

9 Sehen Sie sich die Sätze an und ergänzen Sie sie mit den Formen im **Passato prossimo** der vorgegebenen Verben.

a. Il treno (fermarsi) ______________________ a Roma.

b. Daniela, (ricordarsi, tu) ______________________ del regalo?

c. I Righi (svegliarsi) ______________________ presto stamattina.

d. Noi in quell'hotel (trovarsi) ______________________ bene.

e. Luca (prepararsi) ______________________ per uscire.

f. Ma voi quando (incontrarsi) ______________________ con Paola?

g. Io (trasferirsi) ______________________ a Napoli nel 1988.

h. Noi (sedersi) ______________________ fuori perché fa caldo.

10 Lesen Sie die Sätze im Präsens. Ersetzen Sie dann die Präsensformen durch das **Passato prossimo**. Schreiben Sie die neuen Formen auf die Linien.

Achten Sie auf das Subjekt und denken Sie an die Angleichung des Partizips!

a. Giulia torna a casa alle 5.

____

b. Il signor Lucchini scende dal tram.

____

c. Io e Marco siamo a Milano.

____

d. Carla e Maria vengono al mare con noi.

____

e. Quando arrivano i tuoi genitori?

____

f. Massimo non rimane qui.

____

11 Lesen Sie sich die Sätze im Präsens genau durch und wandeln Sie dann die hervorgehobenen Verbformen ins **Passato prossimo** um. Schreiben Sie die neuen Formen mit den direkten Objektpronomen in die Zeilen.

a. L'invito a cena però **lo accetto**!

____

b. Lui, Maria, **la ama** tanto!

____

c. Magari Andrea **mi chiama**?

____

d. I soldi **li cambiamo** noi.

____

e. Quelle riviste **le leggi**?

____

12 Schreiben Sie die **Condizionale**-Form des vorgegebenen Verbs in die Lücke.

a. (essere) ____________ meglio andarci domani.

b. Noi (potere) ____________ portare il tiramisù, d'accordo?

c. Leo e Mirella, (venire) ____________ anche voi al cinema stasera?

d. Sandra, mi (aprire, tu) ____________ la porta, per piacere?

e. (dire, io) ____________ di andare a casa adesso.

f. Gli stivali non (essere) ____________ male. Ma il colore non mi piace.

g. Io (prenotare) ____________ per luglio. In agosto è sempre tutto pieno.

h. Carlo, la (aiutare) ____________ tu a preparare l'esame?

i. Mia sorella è sempre stanca. Non (andare) ____________ mai fuori!

j. Questo week-end (volere, io) ____________ andare al mare.

k. Loro (avere) ____________ tempo per andare a prenderlo.

13 Vervollständigen Sie die Tabellen, indem Sie die fehlenden **Condizionale**-Formen in die Lücken schreiben.

Verben auf -are	Verben auf -ere	Verben auf -ire
porterei	______	sentirei
______	prenderesti	______
______	prenderebbe	sentirebbe
porteremmo	______	______
portereste	______	sentireste
______	prenderebbero	______

14 Lesen Sie sich die Sätze genau durch. Wandeln Sie die Präsensform des markierten Verbs in **stare** + Gerundium um. Schreiben Sie die neuen Formen in die Lücken.

a. Cosa **fai** qui? ______

b. Noi **guardiamo** un film e tu? ______

c. Lisa e Laura **vengono** qui. ______

d. Ma cosa **dite**? ______

e. **Leggo** il giornale. ______

f. Con chi **esce**? *Cosa stai facendo qui?*

15 Verlangen diese Verben eine **Präposition**, wenn sie von einem Infinitiv gefolgt werden? Wenn ja, welche? Ordnen Sie die Verben der richtigen Gruppe zu.

a) continuare b) dovere c) decidere d) preferire e) piacere f) chiedere
g) finire h) cominciare i) pensare j) dire k) andare l) iniziare

1. Verben mit der Präposition **di** ______

2. Verben mit der Präposition **a** ______

3. Verben ohne Präposition ______

16 Sie sehen hier sechs Sätze, die Sie vervollständigen sollten, indem Sie die jeweils konjugierte **Präsensform** des hervorgehobenen Verbs in Klammern und eventuell die anschließende **Präposition** auf die Linien schreiben.

a. Sandra, quando (credere) venire da me?

____

b. I signori Pieri (pensare) non poter traslocare a fine marzo.

____

c. A Elena e Giorgia (piacere) andare al mare.

____

d. Alfonso (continuare) arrivare tardi.

____

e. Signora, (volere) provare anche il tailleur marrone?

____

f. (iniziare) risparmiare perché vogliamo comprare una casa.

____

17 Vervollständigen Sie die Tabellen, indem Sie die fehlenden **Imperfetto**-Formen in die Lücken schreiben.

dare	**sapere**	**finire**
davo	______________	finivo
______________	sapevi	______________
______________	sapeva	finiva
davamo	______________	______________
davate	______________	finivate
______________	sapevano	______________

18 Ordnen Sie den Infinitiven die entsprechende Form des **Passato remoto** zu.

pagò videro nacquero conobbero fu mise dovetti faceste presi crescemmo

a. mettere ______

b. prendere ______

c. essere ______

d. vedere ______

e. conoscere ______

f. crescere ______

g. fare ______

h. dovere ______

i. pagare ______

j. nascere ______

19 Schreiben Sie die richtigen **Futurformen** in die Lücken. In Klammern finden Sie die Infinitive und, wenn nötig, auch die Subjektpronomen.

a. Quando ______ (tu, partire) per Milano?

b. Dove ______ (voi, festeggiare) il vostro matrimonio?

c. Sabato ______ (noi, venire) a casa tua.

d. Dal 21 al 28 gennaio non ______ (io, essere) in ufficio.

e. Presto ______ (loro, finire) quel lavoro.

f. ______ (lui, fare) un viaggio in California per la fine dell'anno.

Abschlusstest

1 Tragen Sie die **Präsensformen** der vorgegebenen Verben ein.

a. Stasera (uscire, noi) ______________ a cena con Andrea e Lisa.

b. Mariella (seguire) ______________ sempre la moda.

c. (sentire, tu) ______________ spesso Maria?

d. Ti (seguire, io) ______________ in macchina, va bene?

e. Roberto (uscire) ______________ alle 8.00 per andare al lavoro.

f. (seguire, loro) ______________ la strada per Genova.

g. (uscire, io) ______________ : vado al supermercato.

h. Ma non (sentire, voi) ______________ il telefono?

2 Schreiben Sie die passenden **Reflexivpronomen** in die Lücken.

a. E lui come ______________ chiama? – Michele.

b. Di solito, io ______________ sveglio verso le 8.00.

c. ______________ sediamo vicino alla finestra?

d. I miei genitori ______________ alzano sempre alle 6.30.

e. Tu ______________ vesti sempre alla moda!

f. Fabrizio fa jogging e poi ______________ lava.

g. Stasera ______________ vestiamo bene per andare a teatro.

h. Voi, ______________ chiamate Bernardi di cognome? – No, Bernardo!

3 Kreuzen Sie das richtige **Partizip** an.

1. Abbiamo ______________ una macchina.

☐ **a.** noleggiato ☐ **b.** noleggiata ☐ **c.** noleggiati

2. Silvia è ______________ da casa alle sette.

☐ **a.** uscite ☐ **b.** uscita ☐ **c.** uscito

3. A Stefano i regali sono ______ molto.

☐ **a.** piaciuto ☐ **b.** piaciuta ☐ **c.** piaciuti

4. I Monti hanno ______ un ristorante francese.

☐ **a.** cercata ☐ **b.** cercati ☐ **c.** cercato

5. Nadia e Laura, siete già ______ a Genova?

☐ **a.** state ☐ **b.** stati ☐ **c.** stato

4 Wählen Sie die richtige Form des **Passato prossimo** aus.

1. Carla ______ a casa.

☐ **a.** è andato ☐ **b.** è andata ☐ **c.** sono andate

2. Luca ______ da me ieri sera.

☐ **a.** sono venuti ☐ **b.** è venuta ☐ **c.** è venuto

3. Io e mia moglie ______ lunedì.

☐ **a.** siamo arrivati ☐ **b.** siamo arrivate ☐ **c.** è arrivata

4. Mario ______ dal treno.

☐ **a.** siamo scese ☐ **b.** è scesa ☐ **c.** è sceso

5. ______ solo due birre.

☐ **a.** Sono rimasti ☐ **b.** Sono rimaste ☐ **c.** È rimasta

6. Quanto ______ i biglietti?

☐ **a.** è costato ☐ **b.** sono costate ☐ **c.** sono costati

7. Allora Claudia, ______ in Germania?

☐ **a.** sei stato ☐ **b.** sei stata ☐ **c.** siamo stati

8. A Paola ______ le rose?

☐ **a.** sono piaciute ☐ **b.** sono piaciuti ☐ **c.** è piaciuta

5 Passato prossimo oder **Präsens**? Kreuzen Sie an.

1. Ieri Carlo ...

☐ **a.** è partito. ☐ **b.** parte. ☐ **c.** è partita.

2. Tu in inverno normalmente ...

☐ **a.** avete sciato? ☐ **b.** scii? ☐ **c.** scia?

3. Due giorni fa ...

☐ **a.** mi sento male. ☐ **b.** si sente male. ☐ **c.** mi sono sentita male.

4. La prossima settimana ...

☐ **a.** siete a casa? ☐ **b.** siete stati a casa? ☐ **c.** sono stati a casa?

5. Domani noi ...

☐ **a.** siamo andati al cinema. ☐ **b.** andiamo al cinema. ☐ **c.** vado al cinema.

6. Sabato scorso Anna ...

☐ **a.** è rimasto in casa. ☐ **b.** rimane in casa. ☐ **c.** è rimasta in casa.

Lösungen zu den Übungen

1 **a.** parla, **b.** Vendiamo, **c.** Conosco, **d.** intende, **e.** stai, **f.** è, **g.** Arrivo

2 dormi, dorme, dormiamo, dormono; capisco, capisci, capiamo, capite, capiscono

3 **a.** devo, **b.** puoi, **c.** può, **d.** dobbiamo, **e.** potete, **f.** devono

4 **a.** Vieni, **b.** Vengo, **c.** viene, **d.** Venite, **e.** veniamo, **f.** vengono

5 **a.** vanno, **b.** va, **c.** vai, **d.** andiamo, **e.** vado, **f.** andate

6 **a.** ha fatto, **b.** ho bevuto, **c.** abbiamo letto, **d.** avete finito, **e.** Hai telefonato, **f.** ha preparato, **g.** hanno venduto, **h.** ho guardato

7 **a.** siete, **b.** ha, **c.** sono, **d.** abbiamo, **e.** è, **f.** avete, **g.** sei, **h.** ho

8 **a.** hanno viaggiato, **b.** è rimasta, **c.** hai preso, **d.** sono piaciuti, **e.** hai fatto, **f.** sei venuto

9 **a.** si è fermato, **b.** ti sei ricordata, **c.** si sono svegliati, **d.** ci siamo trovati / trovate, **e.** si è preparato, **f.** vi siete incontrati / incontrate, **g.** mi sono trasferito / trasferita, **h.** ci siamo seduti / sedute

10 **a.** è tornata, **b.** è sceso, **c.** siamo stati, **d.** sono venute, **e.** sono arrivati, **f.** è rimasto

11 **a.** lo ho / l'ho accettato, **b.** la ha / l'ha amata, **c.** mi ha chiamato / chiamata, **d.** li abbiamo cambiati, **e.** le hai lette

12 **a.** Sarebbe, **b.** potremmo, **c.** verreste, **d.** apriresti, **e.** Direi, **f.** sarebbero, **g.** prenoterei, **h.** aiuteresti, **i.** andrebbe, **j.** vorrei, **k.** avrebbero

13 porteresti, porterebbe, porterebbero; prenderei, prenderemmo, prendereste; sentiresti, sentiremmo, sentirebbero

14 **b.** stiamo guardando, **c.** stanno venendo, **d.** state dicendo, **e.** Sto leggendo, **f.** sta uscendo

15 **1. g., i., c., f., j.; 2. h., a., k., l.; 3. e., d., b.**

16 **a.** credi / crede di, **b.** pensano di, **c.** piace, **d.** continua a(d), **e.** vuole, **f.** Iniziamo a

17 davi, dava, davano; sapevo, sapevamo, sapevate; finivi, finivamo, finivano

18 **a.** mise, **b.** presi, **c.** fu, **d.** videro, **e.** conobbero, **f.** crescemmo, **g.** faceste, **h.** dovetti, **i.** pagò, **j.** nacquero

19 **a.** partirai, **b.** festeggerete, **c.** verremo, **d.** sarò, **e.** finiranno, **f.** Farà

Lösungen zum Abschlusstest

1 **a.** (noi) usciamo, **b.** segue, **c.** (Tu) senti, **d.** seguo, **e.** esce, **f.** (Loro) seguono, **g.** (Io) esco, **h.** sentite

2 **a.** si, **b.** mi, **c.** Ci, **d.** si, **e.** ti, **f.** si, **g.** ci, **h.** vi

3 **1.-a., 2.-b., 3.-c., 4.-c., 5.-a.**

4 **1.-b., 2.-c., 3.-a., 4.-c., 5.-b., 6.-c., 7.-b., 8.-a.**

5 **1.-a., 2.-b., 3.-c., 4.-a., 5.-b., 6.-c.**

Alphabetische Verbliste

In der nachstehenden Liste sind einige der wichtigsten regelmäßigen und unregelmäßigen italienischen Verben in alphabetischer Folge aufgeführt. Die Zahlen verweisen auf die Konjugationsnummern der in diesem Buch beispielhaft konjugierten Verben. Diese Musterverben sind blau hervorgehoben.
Verben, deren zusammengesetzte Zeiten mit dem Hilfsverb essere gebildet werden, sind durch + *E* gekennzeichnet, Verben mit wechselndem Gebrauch sind mit + *A / E* markiert. Alle übrigen Verben bilden die zusammengesetzten Zeiten mit avere.

Weitere verwendete Abkürzungen:
(-) = fehlt
cond. = Condizionale presente
fut. = Futuro semplice
p.p. = Participio passato
p.r. = Passato remoto
pres. = Presente
verbo imp. = verbo impersonale (unpersönliches Verb)

A

abbagliare *(blenden)* ... 14
abbaiare *(bellen)* ... 13
abbandonare *(verlassen)* ... 3
abbellire *(verschönern)* ... 104
abbigliare *(kleiden)* ... 14
abboccare *(anbeißen)* ... 7
abbracciare *(umarmen)* ... 6
abbreviare *(abkürzen)* ... 13
abbronzarsi + *E (sich bräunen)* ... 3
abbrustolire *(rösten)* ... 104
abbrutire *(verrohen)* ... 104
abdicare *(abdanken)* ... 7
abitare *(wohnen)* ... 3
abituarsi + *E (sich gewöhnen)* ... 3
abolire *(abschaffen)* ... 104
aborrire *(verabscheuen)* ... 104 / 101
abortire *(abtreiben)* ... 104
abrogare *(außer Kraft setzen)* ... 11
accadere + *E (geschehen)* ... 18
accalappiare *(einfangen)* ... 13
accalcare *(zusammenpferchen)* ... 7
accanirsi + *E (sich erbosen)* ... 104
accapigliarsi + *E (sich raufen)* ... 14
accasciarsi + *E (zusammensinken)* ... 9
accecare + *A / E (blind machen / erblinden)* ... 7
accelerare *(beschleunigen)* ... 3
accendere *(anzünden, einschalten)* ... 83
accerchiare *(umzingeln)* ... 13
accettare *(annehmen)* ... 3
accingersi + *E (sich anschicken)* ... 69
accludere *(beifügen)* ... 20
accogliere *(empfangen)* ... 21
accompagnare *(begleiten)* ... 3
accondiscendere *(einwilligen)* ... 83
acconsentire *(zustimmen)* ... 101
accontentare *(zufrieden stellen)* ... 3
accoppiare *(paaren)* ... 13
accorciare + *A / E (kürzen / kürzer werden)* ... 6
accorgersi + *E (bemerken)* ... 94
accorrere *(herbeieilen)* ... 57
accovacciarsi + *E (sich kauern)* ... 6
accrescere + *A / E (vergrößern / wachsen)* ... 58
accucciarsi + *E (sich hinlegen)* ... 6
accudire *(pflegen)* ... 104
accusare *(vorwerfen)* ... 3
acquisire *(erwerben)* ... 104
acquistare *(kaufen)* ... 3
acuire *(verschärfen)* ... 104
adagiare *(hinlegen)* ... 10
addirsi + *E*, (-) *p.r.*, (-) *p.p. (geeignet sein)* ... 25
addivvenire *(gelangen)* ... 113
addolcire *(süßen)* ... 104
addolcirsi + *E (sanfter werden)* ... 104
addomesticare *(zähmen)* ... 7
addormentarsi + *E (einschlafen)* ... 3
addurre *(vorbringen)* ... 23
adempiere *(erfüllen)* ... 22
adempire *(erfüllen)* ... 109
aderire *(haften, beitreten)* ... 104
adibire *(benutzen)* ... 104
adocchiare *(erspähen)* ... 13
adoperare *(benutzen)* ... 3

B

D

L

M

N

O

Q

R

rapire *(entführen)* ... 104
rapprendersi + E *(gerinnen)* ... 83
rappresentare *(darstellen)* ... 3
rarefare *(verdünnen)* ... 28
raschiare *(abkratzen)* ... 13
rassomigliare *(ähneln)* ... 14
rattrapire *(verkrampfen)* ... 104
ravvedersi + E,
p.p. nur regelmäßig (sein Unrecht einsehen) ... 46
ravviare *(aufräumen)* ... 5
ravvolgere *(einwickeln)* ... 100
razziare *(plündern)* ... 5
reagire *(reagieren)* ... 104
realizzare *(verwirklichen)* ... 3
recare *(bereiten)* ... 7
recidere *(abschneiden)* ... 87
recingere *(umgeben)* ... 69
recludere *(einsperren)* ... 20
redarguire *(tadeln)* ... 104
redigere *(aufsetzen)* ... 84
redimere *(befreien)* ... 85
reggere *(festhalten, aushalten)* ... 76
registrare *(aufnehmen)* ... 3
regredire *(nachlassen)* ... 104
relegare *(verbannen)* ... 11
rendere *(zurückgeben, leisten)* ... 83
repellere *(abstoßen)* ... 66
replicare *(erwidern)* ... 7
reprimere *(unterdrücken)* ... 67
requisire *(beschlagnahmen)* ... 104
resistere *(widerstehen)* ... 86
respingere *(abweisen)* ... 69
respirare *(atmen)* ... 3
restare + E *(bleiben)* ... 3
restituire *(zurückgeben)* ... 104
restringere *(enger machen)* ... 96
retrarre *(zurückziehen)* ... 44
retribuire *(entlohnen)* ... 104
retrocedere + A / E
(degradieren / zurückweichen) ... 54
rettificare *(begradigen)* ... 7
revocare *(widerrufen)* ... 7
riandare + A / E, *pres.: rivà (wieder gehen)* ... 4
riaprire *(wieder öffnen)* ... 103
riardere + A / E
(wieder entfachen / sich wieder entzünden) ... 50
riassumere *(zusammenfassen)* ... 52
riavere *(zurückbekommen)* ... 2
ribadire *(bekräftigen)* ... 104
ribollire *(wieder aufkochen)* ... 101
ricadere + E *(wieder hinfallen)* ... 18
ricalcare *(durchpausen)* ... 7
richiedere *(wieder fragen, erfordern)* ... 19
richiudere *(wieder schließen)* ... 20
riconciliare *(wieder versöhnen)* ... 13
ricondurre *(zurückbringen)* ... 23
riconoscere *(erkennen)* ... 55
ricoprire *(bedecken)* ... 103
ricordarsi + E *(sich erinnern)* ... 3
ricorrere + A / E
(noch einmal laufen / wiederkehren) ... 57
ricostruire *(wieder aufbauen)* ... 104
ricucire *(zunähen)* ... 105
ridacchiare *(kichern)* ... 13
ridare *pres.: ridò (zurückgeben)* ... 8
ridere *(lachen)* ... 87
ridire *(noch einmal sagen)* ... 25
ridurre *(verringern)* ... 23
riempire *(füllen)* ... 109
riepilogare *(zusammenfassen)* ... 11
rifare *(noch einmal machen)* ... 28
riferire *(berichten)* ... 104
rifinire *(fein bearbeiten)* ... 104
rifiutare *(ablehnen)* ... 3
riflettere *(widerspiegeln, nachdenken)* ... 88
rifondere *(vergüten)* ... 70
rifornire *(versorgen)* ... 104
rifrangere *(brechen)* ... 71
rifriggere *(wieder aufbraten)* ... 68
rifuggire *(wieder flüchten)* ... 101
rifugiarsi + E *(flüchten)* ... 10
rigare *(Linien ziehen auf)* ... 11
rilanciare *(wieder werfen)* ... 6
rilasciare *(ausstellen)* ... 9
rilassarsi + E *(sich entspannen)* ... 3
rilegare *(binden)* ... 11
rileggere *(wieder lesen)* ... 76
rimandare *(zurückschicken, verschieben)* ... 3
rimanere + E *(bleiben)* ... 36
rimbambire + E *(verblöden)* ... 104
rimboccare *(hochkrempeln)* ... 7
rimediare *(wieder gutmachen)* ... 13
rimettere *(zurückstellen)* ... 77
rimorchiare *(abschleppen)* ... 13
rimordere *(quälen)* ... 78
rimpatriare + E *(in die Heimat zurückkehren)* ... 13

S

sbalordire (*verblüffen*) 104
sbaragliare (*besiegen*) 14
sbarcare + A/E (*aussteigen lassen/an Land gehen*) 7
sbiadire + A/E (*ausbleichen*) 104
sbiancare + A/E (*bleichen/erblassen*) 7
sbigottire + A/E (*erschüttern/bestürzt sein*) 104
sbilanciare (*aus dem Gleichgewicht bringen*) 6
sbizzarrirsi + E (*sich austoben*) 104
sbloccare (*freigeben*) 7
sboccare + A/E (*abgießen/münden*) 7
sbocciare + E (*aufblühen*) 6
sbollire + A/E (*nicht mehr kochen/nachlassen*) 101/104
sbrigare (*erledigen*) 11
sbrigarsi + E (*sich beeilen*) 11
sbrogliare (*entwirren*) 14
sbucare + E (*auftauchen*) 7
sbucciare (*schälen*) 6
scacciare (*wegjagen*) 6
scadere + E (*ablaufen*) 18
scagliare (*schleudern*) 14
scaldare (*wärmen*) 3
scalfire (*schürfen*) 104
scambiare (*verwechseln*) 13
scandagliare (*loten*) 14
scandire (*deutlich aussprechen*) 104
scarabocchiare (*kritzeln*) 13
scaricare (*ausladen*) 7
scarseggiare (*knapp sein*) 10
scaturire + E (*entspringen*) 104
scavalcare (*klettern über*) 7
scegliere (*auswählen*) 38
scendere + E (*hinuntergehen, aussteigen, sinken*) 83
sceneggiare (*in ein Drehbuch umarbeiten*) 10
schernire (*verhöhnen*) 104
scherzare (*Spaß machen*) 3
schiacciare (*zerdrücken*) 6
schiaffeggiare (*ohrfeigen*) 10
schiarire + A/E (*aufhellen/sich aufhellen*) 104
schioccare (*schnalzen mit*) 7
schiudere (*leicht öffnen*) 20
sciare (*Ski laufen*) 5
scindere (*trennen*) 92
scioccare (*schockieren*) 7
sciogliere (*auflösen*) 21
scivolare + E (*rutschen*) 3
scoccare + A/E (*schlagen*) 7
scocciare (*nerven*) 6
scolorire + A/E (*ausbleichen*) 104
scolpire (*meißeln*) 104
scommettere (*wetten*) 77
scomparire + E (*verschwinden*) 102
scompigliare (*zerzausen*) 14
scomporre (*durcheinander bringen*) 34
scomunicare (*exkommunizieren*) 7
sconfiggere (*besiegen*) 68
scongiungere (*trennen*) 73
sconnettere (*faseln*) 88
sconsigliare (*abraten*) 14
scontorcersi + E (*sich krümmen*) 98
sconvenire + E (*sich nicht schicken*) 113
sconvolgere (*erschüttern*) 100
scoperchiare (*abdecken*) 13
scoppiare + E (*platzen*) 13
scoprire (*entdecken*) 103
scoraggiare (*entmutigen*) 10
scorgere (*erblicken*) 94
scorrere + A/E (*durchblättern/fließen*) 57
scorticare (*aufschürfen*) 7
screziare (*besprenkeln*) 13
scrivere (*schreiben*) 93
scrosciare + A/E (*prasseln*) 9
scucire (*auftrennen*) 105
scuocere (*verkochen*) 24
scuotere (*schütteln*) 39
scusarsi + E (*sich entschuldigen*) 3
sdoppiare (*aufteilen*) 13
sdraiarsi + E (*sich hinlegen*) 13
seccare + A/E (*trocknen*) 7
sedere (*sitzen*) 40
sedurre (*verführen*) 23
segare (*sägen*) 11
segregare (*isolieren*) 11
seguire + A/E (*folgen*) 101
sembrare + E (*scheinen*) 3
semplificare (*vereinfachen*) 7
sentenziare (*verhängen*) 13
sentire (*hören*) 101
separare (*trennen*) 3
seppellire (*begraben*) 104
serpeggiare (*sich schlängeln*) 10
servire + A/E (*bedienen/nützen*) 101
seviziare (*misshandeln*) 13
sfare (*auseinander nehmen*) 28

sfasciare *(den Verband abnehmen von)* 9
sfidare *(herausfordern)* 3
sfiorire + E *(verwelken)* 104
sfociare + E *(münden)* 6
sfogare + A/E *(auslassen/entweichen)* 11
sfoggiare *(prunken)* 10
sfogliare *(durchblättern)* 14
sfrecciare + E *(vorbeischießen)* 6
sfregiare *(verunstalten)* 10
sfruttare *(ausnutzen)* 3
sfuggire + A/E *(meiden/entwischen)* 101
sganasciarsi + E *(sich die Kinnlade ausrenken)* 9
sganciare *(abhängen)* 6
sgonfiare + A/E *(Luft ablassen aus/abschwellen)* 13
sgorgare + E *(sprudeln)* 11
sgranchirsi + E *(sich die Beine vertreten)* 104
sgranocchiare *(knabbern)* 13
sgualcire *(zerknittern)* 104
sguinzagliare *(von der Leine lassen)* 14
sgusciare *(enthülsen)* 9
significare *(bedeuten)* 7
simboleggiare *(symbolisieren)* 10
slacciare *(aufbinden)* 6
slanciarsi + E *(sich stürzen)* 6
slegare *(aufbinden)* 11
slogare *(sich verstauchen)* 11
sloggiare *(vertreiben)* 10
smacchiare *(die Flecken entfernen aus)* 13
smagliare *(Laufmaschen machen in)* 14
smaltire *(aufbrauchen)* 104
smarrire *(verlieren)* 104
smerciare *(absetzen)* 6
sminuire *(herabsetzen)* 104
smuovere *(verrücken)* 30
snellire *(schlank machen)* 104
sobbarcarsi + E *(sich aufbürden)* 7
sobbollire *(köcheln)* 101
socchiudere *(anlehnen)* 20
soccorrere *(zu Hilfe kommen)* 57
soddisfare *(zufrieden stellen)* 28
soffiare *(blasen)* 13
soffocare + A/E *(ersticken)* 7
soffondere *(färben)* 70
soffriggere *(anbraten)* 68
soffrire *(leiden)* 108
sofisticare *(panschen)* 7
soggiacere + E *(unterliegen)* 33
soggiungere *(hinzufügen)* 73
sognare *(träumen)* 3
solidificare + A/E *(fest werden lassen/erstarren)* 7
solleticare *(anregen)* 7
somigliare *(ähneln)* 14
sommergere *(überschwemmen)* 62
sommuovere *(aufhetzen)* 30
sonnecchiare *(dösen)* 13
sopportare *(ertragen)* 3
sopprimere *(abschaffen)* 67
sopraffare *(überwältigen)* 28
sopraggiungere + E *(auftauchen)* 73
soprassedere *(aufschieben)* 40
sopravvenire + E *(plötzlich auftreten)* 113
sopravvivere + E *(überleben)* 47
soprintendere *(vorstehen)* 83
sorbire *(schlürfen)* 104
sorgere + E *(aufgehen)* 94
sorpassare *(überholen)* 3
sorprendere *(überraschen)* 83
sorreggere *(stützen)* 76
sorridere *(lächeln)* 87
sorseggiare *(in kleinen Schlucken trinken)* 10
sorteggiare *(auslosen)* 10
sorvegliare *(überwachen)* 14
sospendere *(aussetzen)* 83
sospingere *(treiben zu)* 69
sostenere *(stützen, behaupten)* 43
sostituire *(auswechseln, ersetzen)* 104
sottacere *(verschweigen)* 42
sottendere *(mit sich bringen)* 83
sottintendere *(durchblicken lassen)* 83
sottoesporre *(unterbelichten)* 34
sottomettere *(unterwerfen)* 77
sottoporre *(unterziehen)* 34
sottoscrivere *(unterzeichnen)* 93
sottostare + E *(unterstehen)* 12
sottrarre *(entziehen)* 44
sovraccaricare *(überladen)* 7
sovraesporre *(überbelichten)* 34
sovraimporre *(Steuerzuschläge erheben)* 34
sovraintendere *(vorstehen)* 83
sovrapporre *(übereinander legen)* 34
sovrimporre *(Steuerzuschläge erheben)* 34
sovrintendere *(vorstehen)* 83
sovvenire + A/E *(helfen/in den Sinn kommen)* 113

Bildnachweis

Titelfotos: Wäscheleine mit Polaroidbildern: Thinkstock; Holzwand: Thinkstock, istockphoto; Frau im Vordergrund: Vlado Golub, Stuttgart; Paar beim Essen, Frau füttert Mann: Thinkstock, Comstock; Frau isst Salat: ShutterStock, Yuri Arcurs; Zwei Kinder beißen in einen Burger: ShutterStock, Zurijeta; S. 4: shutterstock / Vixit; S. 6: Kugelschreiber: istock / Dio5050; Marker: istock / TommL; Glühbirne: shutterstock / Sashkin; Mund: istock / Moncherie; Kalender: shutterstock / Korn; S. 7: Bilder an Wäscheleine: shutterstock / Phase4Photography; Mund: istock / Moncherie; Postits: shutterstock / Elnur; Würfeln: shutterstock / Skripko Ievgen; S. 27: istockphoto / Dainis Derics; S. 29: istockphoto / Marcel Braendli; S. 31: shutterstock / Renata Osinska; S. 33: istockphoto / Olga Pasławska; S. 35: istockphoto / Alexander Blinow; S. 37: shutterstock / Katharina Wittfeld; S. 39: istockphoto / kryczka; S. 41: istockphoto / Rosemarie Gearhart; S. 43: istockphoto / Paul Vasarhelyi: S. 45: shutterstock / Gladkova Svetlana; S. 47: istockphoto / Aleksandar Zoric; S. 49: fotolia / Franz Pfluegl; S. 51: istockphoto / sturti; S. 53: shutterstock / Refat; S. 55: fotolia / ingenium-design.de; S. 57: istockphoto / Kuzma; S. 59: shutterstock / vitor costa; S. 61: fotolia / germanskydive110; S. 63: fotolia.de / lunamarina; S. 65: istock / Firehorse; S. 67: shutterstock / Miroslava Vasileva Arnaudova; S. 69: shutterstock / Dmitriy Shironosov; S. 71: fotolia / lassedesignen; S. 73: shutterstock / michaeljung; S. 75: istockphoto / Sean Locke; S. 77. istockphoto / Sean Locke; S. 79. fotolia / Jakub Krechowicz; S. 81: shutterstock / Kzenon; S. 83: istockphoto.com / Lise Gagne; S. 85: istockphoto / Andresr; S. 87: fotolia / vege; S. 89: shutterstock.com / Serg Zastavkin; S. 91: fotolia / gerald schilling; S. 93: fotolia / styf; S. 95: shutterstock / matka_Wariatka; S. 97: fotolia.de / Fırat; S. 99: fotolia / Lane Erickson; S. 101: fotolia / happyone; S. 103: shutterstock / 300dpi; S. 105: fotolia.de / William Messing; S. 107: istockphoto / Jim Jurica; S. 109: shutterstock / CaptureLight; S. 111: shutterstock / AISPIX; S. 113: shutterstock / Wallenrock; S. 115: fotolia.de / fotografci; S. 117: fotolia / BlueOrange Studio; S. 119: fotolia / unpict; S. 121: shutterstock / Suzanne Tucker; S. 137: shutterstock / Elena Schweitzer; S. 139: fotolia / Sandra Neumann; S. 141: shutterstock / Dmitriy Shironosov; S. 143: shutterstock / JJ pixs; S. 145: shutterstock / mashe; S. 147: istockphoto / webphotographeer; S. 149: shutterstock / Jostein Hauge; S. 151: istockphoto / peter anderson; S. 153: shutterstock / Lana K; S. 155: shutterstock / Vixit; S. 157: shutterstock / olly; S. 159: shutterstock / Konrad Bak; S. 161: shutterstock / Dubova; S. 163: fotolia / effe45; S. 165: shutterstock / holbox; S. 167: fotolia / Nawez

PONS POWER-SPRACHKURS ITALIENISCH IN 4 WOCHEN

Volle Sprachpower mit dem neuen Powercoach

- **Lernen Sie nach Plan:** Dank kleinen Tagesportionen und einem genauen Lernplan sind Sie bereits nach 4 Wochen fit in Italienisch.
- **Sie kommen schnell zum Ziel:** Klare, kurze Lerneinheiten mit spielerischen, abwechslungsreichen Übungen und eine ausführliche Grammatik im Anhang sichern Ihren Lernerfolg.
- **Sie trainieren umfassend:** Mit Übungen zum Hören, Sprechen, Lesen und Schreiben erreichen Sie das Niveau A2 des europäischen Referenzrahmens.
- **Sie bleiben am Ball:** Der E-Mail-Sprachencoach motiviert Sie zum Weiterlernen und meldet sich wöchentlich mit zusätzlichen Übungen, Informationen zur Sprache sowie zu Land und Leuten. Als Extra dazu ein Abschlusstest, der Ihnen zeigt wie fit Sie sind.

Format: 16,7 x 23,8 cm

208 Seiten (Broschur + 2 Audio+MP3-CDs)

ISBN: 978-3-12-561834-3

www.pons.de